ENTRETIEN AVEC M. GUIZOT

SUR PLUSIEURS QUESTIONS

DE DROIT MARITIME

INTERNATIONAL,

REPRODUIT DE MÉMOIRE, ET LIVRÉ A LA PUBLICITÉ

(Avec le consentement de M. Guizot),

PAR M. MAREC,

Ancien maître des requêtes au Conseil d'état,
Ex-directeur du personnel de la marine,

POUR SERVIR A LA DISCUSSION DU PROJET DE LOI PÉNALE,
EN MATIÈRE DE PÊCHE MARITIME CÔTIÈRE, QUI DOIT ÊTRE
BIENTÔT PRÉSENTÉ A L'ASSEMBLÉE LÉGISLATIVE.

PARIS,

GARNIER FRÈRES, LIBRAIRES,

PALAIS NATIONAL,
Près la Galerie vitrée.

Novembre 1849

ENTRETIEN AVEC M. GUIZOT

SUR PLUSIEURS QUESTIONS

DE DROIT MARITIME

INTERNATIONAL.

Imprimerie de GUINAUDET et JOUAUST,
315, rue Saint-Honoré.

ENTRETIEN AVEC M. GUIZOT

SUR PLUSIEURS QUESTIONS

DE DROIT MARITIME

INTERNATIONAL,

REPRODUIT DE MÉMOIRE, ET LIVRÉ A LA PUBLICITÉ

(Avec le consentement de M. Guizot),

PAR M. MAREC,

Ancien maître des requêtes au Conseil d'état,
Ex-directeur du personnel de la marine,

POUR SERVIR A LA DISCUSSION DU PROJET DE LOI PÉNALE,
EN MATIÈRE DE PÊCHE MARITIME CÔTIÈRE, QUI DOIT ÊTRE
BIENTÔT PRÉSENTÉ A L'ASSEMBLÉE LÉGISLATIVE.

PARIS,

GARNIER FRÈRES, LIBRAIRES,

PALAIS NATIONAL,

Près la Galerie vitrée.

Novembre 1849

ENTRETIEN AVEC M. GUIZOT [1]

SUR PLUSIEURS QUESTIONS

DE DROIT MARITIME

INTERNATIONAL.

AVERTISSEMENT.

—

Novembre 1819.

Un projet de loi que j'ai préparé (texte et motifs), en décembre 1846, et qui a pour objet la répression des contraventions aux règlements généraux concernant la pêche maritime côtière, doit être incessamment soumis aux délibérations de l'Assemblée législative.

Une commission mixte, nommée par M. le ministre de la marine, de concert avec ses collègues de la justice, de l'intérieur et du commerce, l'examine en ce moment.

[1] Cet entretien a eu lieu, le 26 mars 1846, à propos de la loi (alors en projet, promulguée le 23 juin suivant) pour la sanction du règlement international du 23 juin 1843 sur les pêcheries dans les mers situées entre les côtes de France et celles de la Grande-Bretagne.

1

Bien qu'il s'agisse d'une loi purement pénale qu'il convient de renfermer dans le cercle que son caractère lui assigne, cependant il est probable que, quand elle sera livrée aux débats parlementaires, la discussion fera surgir plusieurs questions fort ardues qui se rapportent à la matière : je veux parler de la question du droit exclusif de pêche pour les régnicoles dans la portion de mer, baignant les côtes, qui constitue ce qu'on appelle la *mer territoriale ;* je veux parler de la question d'admission des étrangers dans les eaux de cette mer réservée, question que ne pourront manquer de soulever les représentants des départements du midi de la France, témoins du préjudice causé à l'industrie de nos pêcheurs par la concurrence d'une multitude de pêcheurs étrangers, catalans, napolitains et sardes, dont les premiers, du moins, appuient leurs prétentions sur des stipulations surannées, abusivement étendues aux derniers ; je veux parler encore de la question du droit de visite par rapport aux bateaux de pêche ; je veux parler enfin de la question de la pêche dans les baies, au point de vue de la délimitation de la zône territoriale, etc., etc.

Toutes ces questions ont une importance extrême, et il est d'autant plus présumable qu'elles se produiront, du moins incidemment, dans la discussion de la loi projetée, que celle-ci se rattache par des liens intimes à la loi spéciale promulguée le 23 juin 1846 pour la répression des infractions au règlement international du

23 juin 1843, sur les pêcheries dans les mers entre les côtes de France et celles do la Grande-Bretagne, dressé conformément aux stipulations de la convention du 2 août 1839.

A la vérité, ladite loi de 1846, qui semblait devoir susciter, sur ces points si délicats, des débats sérieux, a passé sans contestation ; mais il s'agissait, qu'on le remarque bien, d'une loi qui devait indispensablement être adoptée comme venant à la suite d'une convention qu'elle était destinée à sanctionner.

Aujourd'hui, relativement à la loi générale projetée, les allures de l'Assemblée législative seront plus libres.

On doit donc s'attendre aux difficultés en prévision desquelles, le jour de l'ouverture de la discussion de la loi de 1846, un illustre publiciste, m'élevant jusqu'à sa hauteur, ou plutôt descendant à mon niveau, me fit l'insigne honneur de m'admettre, comme homme pratique, à discuter familièrement avec lui toutes ces questions de droit maritime international.

C'est pour en faciliter la solution que j'ai jugé utile de devancer la mise en discussion de la loi projetée, par la publication de tout ce qui s'est dit, de part et d'autre, dans ma conférence de 1846 avec M. Guizot, dont, quelques jours après, j'ai recueilli de mémoire et consigné par écrit le récit complet.

Je garantis l'exactitude littérale de la reproduction ; et pour mes anciens camarades de la marine, qui connaissent la puissance de ma mémoire, cette assertion n'aura rien de téméraire.

D'ailleurs, comme la reproduction d'un dialogue est un acte bilatéral, qui exige le consentement des deux parties, j'ai eu l'honneur de voir M. Guizot, les 19 et 20 du mois courant; je l'ai informé de mon projet de publication, en lui remettant mon manuscrit; il a bien voulu le lire, et, après avoir reconnu la fidélité de la reproduction, il m'a gracieusement accordé, pour ce qui le touche dans la publication du récit de notre entretien, son autorisation pleine et entière.

Voici donc cet entretien, rapporté dans toute son exactitude; je pourrais dire, relativement à quelques points, dans toute sa naïveté :

CONVERSATION

Entre M. GUIZOT, ministre secrétaire d'état au département des affaires étrangères, et M. MAREC, maitre des requêtes au conseil d'état, sous-directeur du personnel et des opérations maritimes au ministère de la marine.

Le 26 mars 1846, à dix heures du matin.

M. Guizot. — Je regrette vivement, monsieur Marec, de ne pas vous avoir fait venir plus tôt auprès de moi, pour m'entretenir avec vous du projet de loi qui doit être discuté aujourd'hui à la Chambre des Députés, relativement aux pêcheries dans les mers situées entre les côtes de France et celles d'Angleterre : je sais que vous êtes l'homme le plus compétent qu'on puisse entendre sur cette matière.

M. Marec. — Monsieur le ministre, je serai trop heureux si je puis vous fournir, à cet égard, quelques indications utiles, fruit de mes études et de mon expérience.

M. Guizot. — Y a-t-il long-temps, monsieur Marec, que vous êtes attaché au ministère de la marine ?

M. Marec. — Veuillez me demander, Monsieur le ministre, s'il y a long-temps que je suis attaché au *Département* de la marine. Je compte trente-sept années effectives de service, dont huit dans les ports ; j'ai commencé, en 1808, à servir à Gênes, où je suis resté quatre ans ; j'ai passé ensuite quatre années en qualité d'élève-commissaire de marine à Brest ; enfin, depuis 1816, je suis employé au ministère de la marine.

M. Guizot. — C'est très bien. Parlons maintenant du projet de loi, ainsi que de la convention et du règlement auxquels il se rapporte. Que pensez-vous de la convention du 2 août 1839 ?

M. Marec. — Monsieur le ministre, je la considère comme très fâcheuse, comme ayant porté un dommage sensible aux intérêts de nos pêcheurs de harengs. Sans doute elle est favorable à l'exploitation de nos bancs d'huîtres situés devant Granville et Cancale, puisqu'elle consacre, pour les marins français qui se livrent à cette exploitation, une délimitation exceptionnelle s'étendant au delà du rayon de la mer territoriale (trois milles environ), et, en effet, dans quelques parties, cette délimitation va jusqu'à cinq, six et même sept milles à partir du point de laisse de basse mer. Mais, je le répète, la convention est contraire aux intérêts de nos pêcheurs harenguiers : il est évident qu'ici, en fait, le hareng a été sacrifié à l'huître. C'est contrairement aux intentions du ministère de la marine que la convention contient une stipulation relative au droit général de pêche. Votre Excellence sait qu'originairement, suivant le désir du ministère de la marine, la convention à passer avec l'Angleterre devait se borner uniquement à la pêche des huîtres. A la vérité, le ministère de la marine avait rappelé le principe de la mer territoriale ; il avait parlé de l'opinion de la majorité des publicistes, de l'espèce de jurisprudence d'après laquelle il est admis que la mer territoriale s'étend jusqu'au point qu'atteindrait un boulet ou une bombe lancée du rivage ;

mais le ministère de la marine n'en avait parlé que comme d'un point de départ pour arriver à demander qu'en raison de la nature toute spéciale de la pêche des huîtres, c'est-à-dire de la pêche d'un coquillage adhérent au sol, pêche bien différente de celle du poisson proprement dit, on reconnût à nos pêcheurs un droit exclusif d'exploitation des huîtrières de Granville et de Cancale, dont la partie la plus fructueuse se trouve précisément au delà du rayon de trois milles ; et, comme je l'ai dit, ce résultat a été pour eux obtenu par l'adoption d'une limite qui dépasse exceptionnellement, sur plusieurs points, le rayon ordinaire. Mais, je le dis encore, le ministère de la marine ne désirait point la clause que contient la convention du 2 août 1839, relativement à la généralité des pêches. Ce fut M. le prince de Polignac, alors ambassadeur de France à Londres (et, en cette circonstance, il prouva, de nouveau, que le mieux est ennemi du bien), ce fut, dis-je, M. de Polignac qui, pour la première fois, de lui-même, croyant bien faire, inséra une stipulation de ce genre dans un projet de délimitation auquel il ne fut point donné suite. Les choses reprirent leur cours comme ci-devant, et l'on arriva ainsi à 1837, époque à laquelle une commission mixte, réunie à Granville, arrêta un projet de délimitation nouvelle, uniquement relative à la pêche des huîtres, et qui est devenu la base de la convention du 2 août 1839, où malheureusement a été placée, en addition, la clause énonçant une délimitation générale pour toutes les espèces de pêches.

M. Guizot. — Mais le ministère de la marine n'est point fondé à dire que c'est contre son gré que la convention de 1839 stipule à l'égard des pêches en général; car j'ai dans mes bureaux une lettre de M. le comte de Chabrol qui contient une adhésion formelle du ministère de la marine au projet de convention de M. le prince de Polignac. Le ministère des affaires étrangères a donc cru agir dans le sens du désir du ministère de la marine, lorsqu'il s'est prêté à l'insertion de la stipulation dont il s'agit dans la convention définitivement conclue en 1839.

M. Marec. — Je connais, monsieur le ministre, la dépêche dont vous parlez; elle est du 11 septembre 1824; et c'est sans doute pour mieux établir le fait de l'adhésion, que, sans avoir d'ailleurs l'intention de causer de l'embarras à votre collègue de la marine, vous m'avez fait demander hier la copie, par nous conservée, du projet de convention de M. de Polignac, dont votre ministère avait perdu l'expédition originale. J'avais deviné le motif de la demande faite en votre nom. Je suis bien aise de vous dire, monsieur le ministre, que cette dépêche du 11 septembre 1824, que vous pourriez supposer être de moi (car elle émane du bureau de la police de la navigation et des pêches maritimes, dont j'étais alors le chef), n'est point du tout mon œuvre : à chacun la responsabilité de ses actes; elle a été rédigée par M. *****; la minute est toute de sa main. Je me permettrai d'ajouter que je n'eusse point fait une dépêche conçue dans ce sens. J'étais alors malade ou empêché par je ne sais plus quelle cause; non, assurément, que je prétende être l'homme indispensable en fait de questions de pêche maritime; mais j'ai la prétention d'être l'homme utile, m'appuyant sur mon expérience et l'étude consciencieuse que j'ai faite de cette matière si importante et si difficile. Mais enfin, la convention conclue existe avec sa stipulation générale; c'est un fait accompli et que je déplore.

M. Guizot. — Remarquez bien, monsieur Marec, la

position difficile dans laquelle la France se trouvait en 1839. En même temps que nous réclamions pour nos pêcheurs d'huîtres de Granville et de Cancale un droit exclusif de pêche, l'Angleterre se plaignait de la concurrence faite jusque tout près de ses côtes par nos pêcheurs aux siens, pour lesquels elle réclamait pareillement un droit exclusif, nous menaçant, si nous nous refusions à traiter avec elle sur cet objet, d'y pourvoir par un acte direct de sa volonté, de sa souveraineté territoriale. C'eût été fâcheux assurément, et il faut reconnaître que le traité de 1839 a, sous ce point de vue, une importance réelle, et qu'il est pour la France un sujet de satisfaction, car il a substitué à un acte unilatéral dont nous étions menacés, un acte bilatéral, dans lequel, par conséquent, la France est partie, avec chance d'obtenir ultérieurement les modifications auxquelles se prêtera plus facilement un acte conventionnel. Je dois vous dire encore, monsieur Marec, que l'Angleterre n'a pas seule élevé des prétentions à un droit exclusif de pêche dans certain rayon : la France, oui, la France elle-même, à diverses époques, notamment sous Louis XIV et Louis XV, a promulgué des actes de sa volonté, de sa souveraineté (j'ai les pièces dans mes bureaux), par lesquels elle s'est réservé le droit exclusif de certaines pêches sur ses côtes.

M. Marec. — Je dois admettre le fait, puisque Votre Excellence l'affirme; mais je désirerais voir les actes dont elle me fait l'honneur de me parler.

M. Guizot. — Je vous les communiquerai volontiers.

M. Marec. — Maintenant, monsieur le ministre, voulez-vous me permettre de vous présenter quelques observations relativement aux conséquences tirées par l'Angleterre du principe de la mer territoriale, c'est-à-dire relativement au droit exclusif de pêche enté par elle, d'une manière aussi absolue, sur le droit de juridiction. Dans une matière comme celle-ci, où les opinions les plus divergentes ont été émises par les publicistes les plus éminents, il y a place pour mon opinion.

M. Guizot. — Parlez, vous pouvez tout dire ; faites-moi connaître votre pensée entière.

M. Marec. — Eh bien ! monsieur le ministre, je crois que l'Angleterre n'est pas fondée à prétendre que le droit de pêche dérive nécessairement, absolument, comme elle l'entend, du droit de juridiction qu'a toute puissance maritime dans la mer qui baigne ses côtes, dans la mer territoriale. Encore moins est fondée la prétention qu'elle avait élevée, à l'occasion de l'article 9 du traité de 1839, d'interdire aux pêcheurs français, dans sa mer territoriale, jusqu'au droit de mouillage momentané, jusqu'au droit de simple parcours. C'était là une prétention véritablement exorbitante, dont heureusement il a été fait justice par l'article 85 du règlement international du 23 juin 1843. La mer territoriale est une annexe au territoire proprement dit, mais cette portion du territoire n'est pas régie absolument par les mêmes principes que le territoire principal ; elle est soumise à des restrictions inhérentes au grand principe, au principe prédominant de la liberté des mers. Ainsi, une puissance a le droit d'imposer des règles aux étrangers qui viennent dans ses eaux, d'après le principe général que les lois de police et de sûreté obligent ceux qui, même momentanément, habitent le territoire ; mais elle n'a pas le droit absolu de leur interdire la navigation, le mouillage, à la condition que ces étrangers observeront ses règlements. Je vais jusqu'à dire qu'elle n'a pas le droit de leur interdire la pêche, j'entends la pêche du *poisson :* ce qu'elle peut exiger, c'est que la pêche du poisson (car j'excepte la pêche du coquillage, la pêche de ce qui tient au sol, de ce qui nécessite des travaux d'entretien, d'aménagement, comme, par exemple, la pêche de l'huître, des moules, du corail, des perles, etc., etc., toutes pêches qui comportent un droit exclusif) ; ce qu'elle peut, dis-je, exiger, c'est que la pêche, dans sa mer territoriale, ne soit pratiquée, par les étrangers comme par les nationaux, que *conformément à ses règles.* Voilà, je l'avoue, une doctrine pure qu'on peut contester. Je sais qu'en réalité, si le droit de navigation dans la zone territoriale a toujours été admis, il n'en a pas été ainsi du droit de pêche ; mais c'est par des actes conventionnels, par des actes de souveraineté contestables, que le droit de pêche a été restreint ou interdit, plutôt que par l'application des règles générales du droit commun maritime, du droit des gens.

M. Guizot. — Je n'accorde point, comme vous, même le droit de navigation ou de mouillage. Comment! vous voudriez que des navires étrangers pussent venir librement, discrétionnairement, jusque dans les rades, dans les ports d'une nation autre que la leur !......

M. Marec. — Je n'ai pas dit les *ports* ni les *rades,* monsieur le ministre ; j'ai parlé de la mer territoriale, et j'ai entendu parler surtout de celle qui s'étend devant une côte ouverte. Et cependant, il est à remarquer que l'ordonnance de la marine de 1681, sous l'inspiration des principes libéraux de la France, consacrait le libre accès *même des rades* pour les navires étrangers des puissances amies ou alliées.

M. Guizot. — C'était une tolérance, qui n'infirme point le droit. Je pense que, même devant la côte, le droit de navigation et, à plus forte raison, le droit de pêche, peut être, dans une certaine zône, interdit. Je vous répète que le gouvernement français était, dans l'année 1839, en présence d'une grave difficulté. Que serait-il donc arrivé si l'Angleterre, sur le refus de la France de traiter, mettant sa menace à exécution, eût déclaré, par un acte de souveraineté direct, qu'elle nous interdisait l'accès de ses côtes, de sa mer territoriale, dans un rayon plus ou moins étendu ?

M. Marec. — C'eût été une *prétention* et non un droit : or, une prétention se discute et peut être combattue. Votre Excellence sait que, dans le XVIIe siècle, l'Angleterre prétendait exercer un droit exclusif de navigation dans toute la Manche, qu'elle considérait comme sa mer, en l'appelant *mare britannicum.* C'était là une prétention non soutenable, si ce n'est par l'abus de la force. Vous savez comme moi, beaucoup mieux que moi, monsieur le ministre, que le principe de la juridiction relativement à la mer territoriale, repose essentiellement sur le droit de défense, sur l'intérêt commercial, industriel, sur l'intérêt de prohibition de ce qui pourrait être frauduleusement introduit par la frontière de mer. Je pense encore que la mer territoriale n'emporte rigoureusement qu'un droit de police. Que Votre Excellence me permette de m'étayer d'un exemple puisé dans ce qui se passe sur le territoire proprement dit. Par qui, en France, à Paris, est exercé l'état de tailleur ? Par une légion d'Allemands. Eh bien ! ils font, quoique étrangers, leur métier chez nous sans entraves, à la condition toutefois d'observer nos règlements de police. Il en est ainsi, il devrait en être ainsi, suivant moi, pour la pêche dans la mer territoriale.

M. Guizot. — Mais ces Allemands, ces étrangers dont vous parlez, le gouvernement a le droit de les expulser : reportez-vous à la loi de l'an XI. Je ne parle point ici des réfugiés ; je parle des étrangers dans la situation ordinaire....

M. Marec. — Comment! monsieur le ministre, le gouvernement, je vous le demande, a le droit d'interdire aux étrangers l'habitation du territoire ?.........

M. Guizot. — Tous les jours, j'use de ce droit. Un étranger se conduit mal, est signalé comme un mauvais sujet portant le trouble dans les lieux qu'il habite ; je le fais expulser.....

M. Marec. — Je conçois cela, dans le cas dont vous parlez, monsieur le ministre ; mais iriez-vous jusqu'à interdire le séjour de la France, en cas d'absence de griefs, à tous les étrangers en masse ?... Or, telle est la position des étrangers dans notre question de pêcheries, par rapport à la présence momentanée pour navigation ou pêche dans la mer territoriale.

La considération par laquelle le traité de 1839 se recommande aux yeux de Votre Excellence, me touche aussi ; comme vous, monsieur le ministre, j'en apprécie l'importance au point de vue que vous avez énoncé. Mais j'y aperçois aussi un danger, le danger d'un précédent, d'un exemple offert en imitation aux autres nations, et c'est ce qui fait que j'aurais désiré que la question de la mer territoriale, au lieu de recevoir une solution écrite dans un traité, dans un traité avec l'Angleterre surtout, restât, comme ci-devant, à l'état de point de doctrine controversable. Je dis qu'il y a un danger dans le précédent de la stipulation du droit exclusif de pêche en deçà du rayon de trois milles. Où en serions-nous, en effet, si d'autres puissances, invoquant ce précédent, prétendaient aussi nous exclure du droit de pêche dans leur mer territoriale? Les gouvernements du Chili, du Pérou, par exemple, causeraient beaucoup de tort à notre pêche de la baleine, s'ils élevaient, s'ils faisaient prévaloir cette prétention; car, contrairement à l'opinion commune, ce n'est pas toujours à de grandes distances de la côte que se pêche la baleine; c'est souvent en deçà du rayon de trois milles, et surtout dans les baies, comme celle de Talcahuano par exemple.

M. Guizot. — J'admets ce fait; mais si la prétention dont vous parlez venait à s'élever, nous discuterions, nous négocierions, et, sous ce rapport, nous aurions précisément à nous féliciter d'avoir, par notre traité avec l'Angleterre, amené la solution de la question du droit de pêche sur le terrain conventionnel; car ce serait pareillement sur cette base que nous résoudrions la difficulté qu'aurait fait naître le cas que vous supposez.

M. Marec. — Monsieur le ministre, je vous demande pardon de la liberté avec laquelle je me suis exprimé : ici j'ai cru, usant de votre permission, devoir vous manifester ma pensée tout entière.

M. Guizot. — Vous avez très bien fait; j'ai eu grand plaisir à vous entendre.

Passons maintenant à l'examen des points importants du traité et du règlement qui s'y rattache. Qu'avez-vous à me dire à cet égard?

M. Marec. — Trois points méritent, je crois, plus particulièrement de fixer votre attention.

C'est d'abord la disposition du 4ᵉ paragraphe de l'article 85 du règlement du 23 juin 1843.

L'interpellation adressée hier à Votre Excellence par M. le député Gauthier de Rumilly, cette difficulté suscitée au gouvernement, ce reproche d'une prétendue contradiction entre l'annonce faite par le ministère français et la déclaration émanée de sir Robert Peel, repose sur une question de mots. Il n'y a pas eu, si l'on veut, rigoureusement parlant, de *modification* apportée aux stipulations de la convention du 2 août 1839 ; mais il y a eu très certainement une interprétation favorable donnée à l'article 9 de cette convention, combiné avec l'article 8, relativement à la manière dont le gouvernement anglais avait entendu d'abord appliquer lesdits articles par rapport à nos pêcheurs de harengs, auxquels il ne voulait reconnaître le droit d'entrer dans la mer réservée de l'Angleterre, même seulement pour y naviguer momentanément ou y mouiller, qu'autant qu'ils y seraient contraints par des circonstances de force majeure. Le gouvernement français ne pouvait pas admettre une pareille application de l'article 9 de la convention ; le ministère de la marine soutenait que l'article 8, qui subordonne effectivement, pour les pêcheurs de chacun des deux pays, aux cas de force majeure, le droit d'entrer dans les limites de pêche de l'autre pays, se référait aux 7 articles précédents, *uniquement relatifs à la pêche des huîtres*, et que c'était à tort que l'Angleterre prétendait étendre cette restriction, dans l'application de l'article 9, à tous les autres pêcheurs, ce qui aurait rendu presque impossible pour nos marins la pêche du hareng ; car, même pour faire cette pêche dans la mer commune, les bateaux ont parfois besoin de mouiller momentanément ou de décrire des parcourus dans les eaux de la mer réservée. Les réclamations de la France ont enfin prévalu : elle a obtenu, par la teneur du 4ᵉ paragraphe de l'article 85 du règlement international du 23 juin 1843, l'addition, aux cas de force majeure, de la faculté discrétionnaire que ledit paragraphe accorde aux pêcheurs de harengs d'entrer dans les eaux de la mer réservée et d'y naviguer ou d'y mouiller toutes les fois qu'ils le jugent utile pour la commodité de leur pêche dans la mer commune. C'est là, non une modification proprement dite, mais une interprétation rationnelle, équitable, d'une extrême importance, que la France doit se féliciter d'avoir obtenue.

L'autre point qui doit attirer votre attention, monsieur le ministre, c'est l'article 13 du règlement du 23 juin 1843, dans lequel plusieurs membres de la chambre des députés voient le rétablissement du *droit de visite*, au moins en ce qui touche les bateaux de pêche. Il y a là un texte à beaucoup de déclamations, auxquelles le gouvernement doit se préparer à répondre. L'année dernière, j'eus déjà à repousser cette opinion dans une réunion extraordinaire de la commission des pêcheries, auprès de laquelle je m'étais rendu en accompagnant monsieur le ministre de la marine, qui voulut bien me confier la tâche de fournir tous les éclaicissements nécessaires en réponse aux questions de la commission. Evidemment, comme je le disais alors, on donne beaucoup trop de portée, une portée exagérée à la disposition de l'article 13 du règlement : ce n'est là qu'une disposition de police. Sans doute il pourrait arriver que des croiseurs, abusant de la latitude que leur laisse ledit article, troublassent les opérations des bateaux de pêche en exigeant, sans motifs, la représentation fréquente du rôle d'équipage ou du congé ;

mais je suis convaincu que cela n'est pas sérieusement à craindre. L'usage de cette faculté se réglera dans la pratique; il s'établira, à cet égard, une sorte de jurisprudence raisonnable, dont, au besoin, nos croiseurs donneraient l'exemple. Mais déjà je puis dire que le passé est de nature à nous rassurer sur l'avenir. Car enfin, il faut bien le reconnaître, le règlement existe, depuis longtemps, à l'état complet ou presque complet, pour l'Angleterre, puisqu'elle l'a fait sanctionner par un bill dès juillet (ou août) 1843 ; la France seule est en retard, puisqu'elle en est encore à promulguer la loi dont le projet va être discuté à la chambre des députés aujourd'hui. L'Angleterre aurait donc pu, dans cette situation fâcheuse pour la France, nous causer beaucoup d'embarras en exécutant rigoureusement, pour sa part, la convention et le règlement. Je ne suis point anglomane, Monsieur le Ministre, mais je suis véridique : eh bien ! je rends hommage à la vérité, en déclarant ici, avec le témoignage des officiers de marine commandant nos bâtiments garde-pêches, que les Anglais, dans la manière dont ils ont, jusqu'à ce jour, exécuté la convention de 1839 et le règlement de 1843, ont montré non seulement de la tolérance, mais une mansuétude extrême. C'est aussi un fait fort remarquable que leur conduite à l'égard de nos croiseurs. Le ministère de la marine, je dois le dire à Votre Excellence, avait hésité d'abord à autoriser nos bâtiments de la station d'Islande à se rendre sur les côtes d'Ecosse et d'Angleterre pour y exercer, jusque dans les eaux de la mer territoriale, des actes de police envers nos bateaux, relativement aux achats illicites de harengs. Eh bien ! il faut encore le déclarer, parce que c'est la vérité, nos croiseurs non seulement n'ont pas été troublés, entravés dans leur mission, mais ils ont été partout accueillis avec empressement, avec courtoisie, et ils ont obtenu toutes les facilités qu'ils pouvaient désirer. Plusieurs fois les croiseurs anglais, pouvant agir contre nos bateaux, mais s'abstenant de le faire, ont laissé à nos croiseurs, par eux avertis, le soin d'intervenir. Voilà, sans doute, bien des motifs d'être rassuré contre les abus du prétendu droit de visite conféré par le règlement.

M. Guizot. — La réponse faite par lord Aberdeen à la question que le gouvernement français lui avait adressée, d'après une demande de la commission des pêcheries, vient encore ajouter à ces motifs de sécurité.

M. Marec. — J'ai quelques explications utiles à donner encore à propos de l'article 13. Quel est donc le but de cet article? Tout simplement de fournir aux croiseurs des deux nations un moyen de constater l'individualité des bateaux, dont beaucoup portent le même nom. L'examen du rôle pour les bateaux français, du congé pour les bateaux anglais, servira à établir les distinctions. Qu'on remarque bien d'ailleurs, et ceci est important, que cette partie du règlement, bien que s'appliquant à tous les bateaux de pêche, a en vue plus spécialement les bateaux pêcheurs de harengs : or, c'est la *nuit* que se fait la pêche du hareng. Il faudrait donc, si les croiseurs n'avaient pas le droit de se faire représenter les papiers d'un bateau par eux soupçonné, qu'ils envoyassent un canot, avec des hommes armés d'un fallot, pour lire le nom peint à l'arrière du bateau, ainsi que la lettre initiale du port et le numéro de la série placés sur les côtés du bateau. Mais cette vérification occasionnerait au bateau plus de perte de temps, interromprait ses opérations d'une manière plus fâcheuse assurément que la remise

de son rôle ou de son congé. Je dois faire aussi remarquer à Votre Excellence que les bâtiments croiseurs
qu'emploie l'Angleterre ne sont pas tous des bâtiments
militaires comme les nôtres : sur vingt-cinq à vingt-sept
croiseurs affectés à ce service, il n'y en a que cinq ou
six dans cette catégorie; les autres sont des cutters de la
douane, qui, tout en exerçant leur surveillance propre,
participent à la surveillance des bateaux pêcheurs pour
la police de la pêche. Mais les croiseurs de la douane ont,
en cette qualité, un droit, des attributions bien plus
étendues que les garde-pêches; leur action s'étend bien
au-delà du point où s'arrête celle des garde-pêches; le
rayon de la douane va bien plus loin que celui de la mer
territoriale. Votre Excellence sait qu'en France, d'après
notre législation, d'après la loi du **22** août **1791**, les pataches de la douane exercent jusqu'à deux lieues ou six
milles de nos côtes le droit d'arrêter et de saisir tout navire au dessous de cinquante tonneaux ayant à bord des
marchandises prohibées...........

M. Guizot. — Les pataches de la douane peuvent
exercer ce droit jusqu'à quatre lieues de la côte.

> (— M. Guizot a énoncé ici, en confirmant et amplifiant mon
> observation, un fait réel : j'ai vérifié, depuis notre entre-
> tien, et constaté que, par la combinaison des lois de 1701,
> germinal an 2 et juin 1836, la douane a le droit, jusqu'à la
> distance de 4 lieues en mer, de se faire représenter le
> manifeste des navires, et de saisir tous ceux de 40 ton-
> neaux et au dessous à bord desquels il existe des marchan-
> dises prohibées. — Il est à remarquer que ce rayon pour
> l'action de notre douane est un sujet de réclamations de la
> part de l'Angleterre, dont la douane n'exerce pas son ac-
> tion dans un rayon aussi étendu.)

M. Marec. — Il y a encore à dire, pour achever de

détruire les craintes qu'inspire à certaines personnes l'article 13 du règlement, qu'on doit considérer que la disposition de cet article ne s'applique qu'à des bateaux pêcheurs, et que le droit de pousser la vérification au-delà des papiers, c'est-à-dire jusqu'à la visite dans l'intérieur du bateau, n'appartient, suivant l'article 63, qu'aux croiseurs de la nation de ce même bateau. Les croiseurs de la douane anglaise, il est vrai, pourront aller, comme douaniers, jusqu'à cette visite intérieure ; mais ils feront ce que font les pataches de la douane française, et ils le feront dans un rayon moins étendu. Nos bateaux, dans la mer commune, n'auront pas même à redouter fréquemment cette action de la douane ; car enfin la Manche, entre Cherbourg et la côte anglaise par exemple, a vingt-cinq lieues de largeur, et ce n'est pas à cinq, ce n'est pas à dix, quinze ou vingt lieues de la côte d'Angleterre, que les cutters de la douane anglaise viendront, comme douaniers, les visiter. Mais il n'y aura pas même à craindre la fréquence de leur action plus près de leur côte. Ici, en effet, il faut tenir compte d'une distinction essentielle. On conçoit très bien que, quand le droit de visite, pour la répression de la traite, existait en vertu des conventions de 1833 et 1841, il y avait alors, pour les croiseurs anglais, un intérêt commercial, un intérêt politique à connaître ce qui existait à bord des *navires* français proprement dits, *porteurs de marchandises;* mais ici, en présence de pauvres *bateaux de pêche*, quel intérêt peut-il y avoir pour les investigateurs anglais? Un intérêt de douane. Il s'agit de découvrir et de constater la présence, toujours justement soupçonnée, de barils de genièvre et d'eau-de-vie destinés à être introduits en fraude; car il y a peu de bateaux français qui ne se livrent plus ou moins, il faut en convenir, au commerce interlope, et les Anglais nous le rendent bien.

M. Guizot. — Ces explications sont concluantes ; il est évident qu'on exagère la portée de la disposition de l'article 13. Passons au dernier point.

M. Marec. — Ici, Monsieur le Ministre, est la question la plus importante, ici est la planche de salut de nos pêcheurs de harengs. L'article 9 (dernier §) de la convention du 2 août 1839, après avoir fixé à trois milles du point de laisse de basse mer la limite de la mer territoriale dans laquelle existera le droit exclusif de pêche, dit que, pour les baies dont l'ouverture sera de dix milles et au-dessous, la limite sera mesurée à partir d'une ligne allant d'un cap à l'autre. Je prie Votre Excellence de remarquer l'expression *dont l'ouverture......* La convention semble avoir supposé que toutes les baies avaient une ouverture déterminée par des signes incontestables ; cependant il n'en est rien. La question à résoudre étant essentiellement une question hydrographique, je me suis adressé, sur la proposition que j'en avais faite à M. le ministre de la marine, à l'homme de France le plus compétent en cette matière : il me suffira d'avoir nommé M. Beautems-Beaupré. Je lui ai demandé, abstraction faite de toute considération *pisciceptologique*, s'il y avait, en hydrographie, une règle, ou du moins une sorte de jurisprudence, d'après laquelle on pût dire avec certitude qu'une baie, que l'ouverture d'une baie commençait à tels points ? M. Beautems-Beaupré n'a point hésité à me répondre par la négative. Il y a cependant, a-t-il ajouté, baies et baies : quelques unes ont, à l'entrée, des caps tellement placés, tellement saillants, qu'il n'est point possible d'hésiter relativement au point où commence l'ouverture. Mais, pour toutes les autres, des doutes peuvent exister. Voilà ce que m'a répondu M. Beautems-Beaupré. Il en résulte que, sans encourir le reproche de faire une mauvaise chicane à l'Angleterre, nous sommes autorisés à lui dire que le choix des caps qui serviront à déterminer l'ouverture des baies, sur sa côte comme sur la nôtre, ne saurait être laissé à son libre arbitre, au pouvoir discrétionnaire de l'une des deux puissances contractantes, et qu'il doit y être procédé d'un commun accord...............

M. Guizot. — Nous proposerons de faire, à ce sujet, une convention additionnelle....

M. Marec. — Peut-être, Monsieur le Ministre, faut-il éviter ici de se servir du mot *convention*, qui donnerait trop de solennité à la chose et pourrait faire naître des difficultés : il s'agit tout simplement, ce me semble, d'un complément nécessaire à donner à l'art. 9 du traité de 1839, d'une mesure complémentaire qui fera ce que cet article (ou l'art. 2 du règlement du 23 juin 1843) aurait dû faire, car il est inconcevable que ces articles n'aient point déterminé l'ouverture des baies en cause.

M. Guizot. — Très bien ; nous agirons dans ce sens.

M. Marec. — Il ne faut pas qu'on vienne nous dire que la ligne servant à déterminer l'ouverture sera tirée dans la partie de la baie, entre les points de la baie où il y aura 10 milles ou moins de 10 milles. La convention dit *pour les baies* DONT L'OUVERTURE.....: c'est donc à l'ouverture, et là seulement, que la ligne doit être tirée, et non pas ailleurs. Mais où donc est l'ouverture ? C'est là précisément ce que la convention a laissé à fixer, et la chose sera faite par la mesure complémentaire dont j'ai parlé, au moyen de commissaires nommés *ad hoc* par

chacune des deux parties contractantes. D'après ce que
m'a répondu M. Beautems-Beaupré, dans notre entretien, j'ai vu que les hydrographes inclinaient plutôt à
élargir qu'à rétrécir l'ouverture des baies. Nous devons
donc concevoir l'espérance d'un résultat favorable pour
les intérêts que nous avons à défendre : là, comme je l'ai
dit, est la planche de salut de nos pêcheurs de harengs ;
la plupart des baies de la côte d'Écosse et de la côte
d'Angleterre, où le hareng aime à se réfugier, parce qu'il
y trouve des eaux tranquilles et les herbes marines qu'il
affectionne, seront ouvertes à nos pêcheurs comme ayant
une entrée de plus de 10 milles. Sans doute, ils seront
obligés, ainsi qu'ils le sont devant les côtes ordinaires, de
se tenir à trois milles de distance du rivage dans tout le
contour des baies où ils pourront pénétrer ; mais dans les
baies, à la différence de ce qui a lieu devant la côte ouverte, le hareng se répand partout, même en dehors de
la zône territoriale. Nos marins, par la solution de la question de l'ouverture des baies, seront donc sûrs de trou-
ver du hareng à prendre, et nous pourrons ainsi nous
montrer plus sévères contre les achats substitués aujour-
d'hui à la pêche effective, et qui sont si funestes au point
de vue de l'intérêt maritime ; car, par les achats, nous
avons du poisson, nous avons des hommes employés à
transporter du poisson ; nous en avons, sous le rapport du
nombre, à cause de l'obligation du *minimum* d'équipage,
autant que s'il y avait pêche réelle ; mais, par les achats,
nous n'avons pas de *marins* : à faire ce métier, les hommes déjà marins cessent de l'être, les hommes non encore marins ne peuvent le devenir. Et cependant, sans
le dénouement heureux attendu de la question de l'ouverture des baies, nous serions forcés de légaliser les

achats, car, au point de vue de la consommation, il faut du hareng, de quelque pêche (anglaise ou française) qu'il provienne. Attachons-nous donc à rendre la pêche possible pour nos pêcheurs; nous aurons ainsi le droit de combattre à outrance les achats.

Avant de me retirer, je vous dirai, Monsieur le Ministre, comme je l'ai dit à M. l'amiral de Mackau, que, pendant la discussion qui va s'ouvrir, je me tiendrai dans la tribune du conseil d'état, prêt à fournir, par notes, à l'un et à l'autre, tous les éclaircissements complémentaires dont tel ou tel incident ferait naître inopinément le besoin.

M. Guizot. — C'est très bien; j'approuve fort cette détermination. Je suis très satisfait de tout ce que je viens d'entendre. Revenez me voir, Monsieur Marec; je causerai volontiers avec vous.

M. Marec. — Mille remerciments, Monsieur le Ministre. — Je crois devoir placer sous vos yeux une note indicative des questions qui, l'année dernière, furent posées par la commission des pêcheries, dans la séance à laquelle j'assistai en accompagnant M. le ministre de la marine, qui me laissa l'honorable tâche de donner des explications sur l'objet de chacune de ces questions. Cette note, après la séance, m'a été remise par le président de la commission (M. François Delessert). J'ai pensé qu'il serait bon que Votre Excellence eût connaissance de ces questions, attendu qu'elles pourraient se reproduire dans le cours de la discussion.

M. Guizot. Vous avez eu raison de penser ainsi.... (après avoir lu ladite note et avoir rapidement échangé avec M. Marec quelques explications sur chaque point :) .....Je vous prie, Monsieur Marec, de me remettre aujourd'hui-même une copie de cette note ; je voudrais aussi avoir les cartes des côtes de France et d'Angleterre auxquelles se rapporte le traité de 1839 ; je tiens surtout à avoir la catre particulière où est tracée la délimitation exceptionnelle concernant la pêche sur les bancs d'huîtres de Granville et de Cancale.

M. Marec. — Vos désirs, Monsieur le Ministre, seront satisfaits aujourd'hui même, dans quelques instants. Je vole de ce pas au ministère de la marine, et je reviens.

M. Guizot. — Soyez ici avant midi.

M. Marec. — J'y serai.

Permettez, Monsieur le Ministre, qu'avant de vous quitter, je saisisse l'occasion précieuse qui m'est offerte de vous faire connaître que je m'occupe, depuis long-temps, d'un travail considérable sur la question du pavillon neutre, en prévision du cas de guerre, pour l'instruction des neutres, des croiseurs et des juges. Nous ne manquons pas assurément d'ouvrages sur cette grave question ; mais elle n'y est traitée qu'au point de vue spéculatif, théorique ; moi, je la traite au point de vue *pratique*. Je serai trop heureux si je puis, un jour, placer ce travail sous vos yeux.

M. Guizot. — C'est fort bien, à la bonne heure ; au point de vue pratique, ce sera un ouvrage très utile. — Adieu, Monsieur Marec. Je suis fort aise de vous avoir entendu.

FIN DE L'ENTRETIEN.

APPENDICE.

Ce qui est dit, dans la dernière partie de mon entretien
de 1846 avec M. Guizot, sur la question de la délimitation
des baies, en démontre, je crois, l'importance extrême.
Cependant, aucune solution n'est encore intervenue à cet
égard ; les choses sont toujours, en ce qui touche la détermination de l'ouverture des baies, dans le vague où
les ont laissées l'art. 9 du traité de 1839 et l'art. 2 du règlement international du 23 juin 1843. Sans doute, je me
plais à le proclamer encore, nos pécheurs de harengs doivent à la courtoisie, à la mansuétude des croiseurs et des
autorités britanniques, des facilités dont ils profitent, mais
qui, à côté de l'avantage momentané qu'elles leur procu-
rent, ont l'inconvénient de les endormir, et avec eux le
gouvernement français, sur les dangers d'une pareille situation, qui n'est ni digne, ni rassurante : en effet, ne
peut-il point arriver que, sans qu'il y ait rupture entre
les deux pays, les dispositions favorables qui nous
sont montrées aujourd'hui, subissent quelque altération ?
Quelle serait alors la condition de nos pécheurs ? Ne se-
raient-ils point livrés à la merci d'une décision capri-
cieuse, arbitraire, quand ils devraient tenir, à présent et
depuis long-temps, d'une reconnaissance formelle de
leurs droits, ce qu'ils ne doivent, en fait, qu'à une tolérance ? Il faut enfin que, sans plus de retard, une mesure

complémentaire, comblant la lacune fâcheuse qu'ont lais-
sée subsister la convention de 1839 et le règlement international de 1843, vienne donner une base certaine et solide au choix des caps qui, sur la côte d'Angleterre comme sur la côte de France, serviront à déterminer l'ouverture des baies. J'appelle de toutes mes forces, sur ce
point si essentiel, l'attention, la sollicitude du gouvernement et de l'Assemblée législative. Il s'agit, en effet, d'un
intérêt majeur : la pêche du hareng, quand il y a pêche
effective, et il y aura pêche effective par la solution de la
question des baies ; la pêche du hareng, faite, non pas
sur nos côtes, pendant le peu de temps, hélas ! où elle y
est praticable, mais faite sur les côtes d'Écosse et d'Angleterre, constitue, sans s'élever aux proportions de la
grande pêche, comme les pêches de la morue et de la baleine, ce que, dans la catégorie des pêches ordinaires,
sur les côtes de la Méditerranée, on appelle pêche du
grand art : c'est une école primaire de navigation , mais
une école primaire supérieure. Au point de vue de la consommation, de l'alimentation, comme au point de vue du
nombre et de la formation des marins, la pêche du hareng
a une supériorité incontestable sur la pêche de l'huître.
Certes, je suis loin de méconnaître l'importance de celle-
ci ; mais enfin elle se fait près de nos côtes ; mais enfin
l'huître, à beaucoup d'égards , est une denrée de luxe,
tandis que le hareng est la denrée des classes pauvres,
une denrée de première nécessité ; mais enfin la pêche du
hareng, par les armements expédiés de nos différents
ports de la Manche, emploie près de 500 bateaux, montés d'environ 6,000 hommes, sans compter les veuves
et les enfants de marins occupés à la confection et à la
réparation des filets ; tandis que la pêche des huîtres, con-

centrée pour ainsi dire à Cancale et à Granville, n'emploie que 200 bateaux montés de près de 2000 hommes, bateaux et hommes auxquels, il est vrai, viennent se joindre plus de 150 navires et près de 900 marins caboteurs occupés au transport des huîtres extraites des parcs, sans compter plus d'un millier de femmes et d'enfants employés à la manipulation des huîtres, qui passent par tant de mains, par tant de travaux pénibles, de capture, de triage, de réserve, de bonification et de transport, avant d'arriver sur la table du consommateur parisien, qui ne s'en doute guère. Qu'on remarque enfin que les produits annuels de la pêche des huîtres, susceptibles, il est vrai, de s'accroître par une modération de prix, déjà commencée, qui augmentera la consommation, atteignent à peine le chiffre de 600,000 fr. (mettez 800,000 fr., un million même, en joignant aux produits de Granville et de Cancale, ceux de Marennes et lieux voisins); tandis que les produits de la pêche du hareng s'élèvent, chaque année, à près de 4 millions et demi. Comment douter, d'après toutes ces explications, de l'intérêt immense attaché à la solution de la question de l'ouverture des baies, que je recommande, encore une fois, à l'attention, au patriotisme de nos gouvernants et de nos législateurs ?

Je passe maintenant à un sujet que je n'ai fait qu'indiquer dans l'avertissement qui précède la reproduction de mon entretien avec M. Guizot : je veux parler de la concurrence, toujours croissante, qu'oppose à nos pêcheurs de la Méditerranée, jusque dans les eaux de notre mer territoriale, une légion de pêcheurs étrangers, catalans, napolitains et sardes. Les renseignements que je vais donner, à cet égard, sont, en partie, puisés dans une note officieuse par moi rédigée et remise, il y a dix-sept ans, c'est-à-dire en décembre 1832, à un honorable membre de la Chambre des députés, qui avait, comme rapporteur de la commission des pétitions, à rendre compte d'une réclamation des prud'hommes pêcheurs de Toulon. Je compléterai ces renseignements par quelques explications venant se rattacher à la proposition des honorables MM. de Vatimesnil et Lefebvre-Duruflé sur la naturalisation et le séjour des étrangers en France.

En 1832, comme aujourd'hui, comme antérieurement, les pétitionnaires se plaignaient de l'envahissement de leurs côtes par une multitude de pêcheurs étrangers, et demandaient que le gouvernement prît des mesures à cet égard.

Cette pétition ne faisait que reproduire les plaintes que les mêmes pêcheurs et ceux de plusieurs autres points des côtes de l'arrondissement maritime de Toulon avaient maintes fois adressées au ministre de la marine, à l'effet d'obtenir, soit l'expulsion, soit la réduction du nombre des pêcheurs étrangers (catalans, napolitains, sardes et même toscans) qui, concurremment avec eux, se livrent à la pêche devant les côtes de la Provence et du Languedoc.

Le nombre de ces étrangers ainsi admis au partage de l'industrie des pêcheurs français dans les eaux de notre mer territoriale, est devenu considérable : les uns ont leur domicile, de fait, en France ; les autres viennent, chaque année, s'établir sur nos côtes, où ils demeurent stationnaires pendant plusieurs mois, c'est-à-dire pendant tout le temps de la pêche.

Cet état de choses est devenu réellement abusif.

Le principe de l'abus se trouve dans une loi, *très peu précise,* du 12 décembre 1790, qui semblait n'avoir en

vue que les pêcheurs catalans, et, tout au plus, les pêcheurs napolitains, placés, comme les premiers, sous le
bénéfice des stipulations du *pacte de famille* (1), et qui,
par la manière dont elle est conçue, a déterminé, en fait,
l'extension du même avantage aux pêcheurs sardes, les
plus nombreux dans cette concurrence, dans cet antagonisme contre nos pêcheurs nationaux.

Tous ces étrangers, dans l'exercice de la pêche sur
nos côtes, dans le placement des produits de leur industrie sur nos marchés, jouissent des avantages de la
nationalité française, sans en supporter les charges, du
moins sans supporter la plus essentielle, c'est-à-dire l'obligation de servir sur les bâtiments de l'état.

C'est cette différence de traitement qui, on doit le
reconnaître, légitime les réclamations de nos pêcheurs,
dont la situation, à cet égard, mérite enfin d'être prise
en considération.

Une disposition de la loi précitée du 12 décembre
1790 (art. 8) portait que « le ministre des affaires étran
» gères aurait à concerter avec la cour d'Espagne les
» moyens d'attacher au service de l'une et l'autre na
» tion les gens de mer français et espagnols *domiciliés*
» ou *stationnaires* sur les côtes de France et d'Espa
» gne. »

Cette disposition est malheureusement restée sans
exécution.

Elle eût prévenu l'abus; elle est, depuis longues
années, invoquée comme remède, c'est-à-dire comme
un des remèdes à employer.

(1) Voir le Traité d'amitié et d'union entre les rois très chrétien et
catholique, de 1761 (art. 24), et la convention entre les cours de France
et d'Espagne, du 2 janvier 1768 (art. 3).

Mais le temps a formé et consolidé des habitudes maintenant fort difficiles à détruire ; aux demandes en éviction, on oppose la possession ; les étrangers s'étayent d'une loi qui, bien que détournée de son but, leur prête appui ; enfin ils trouvent un autre soutien dans les consommateurs, à qui leur concurrence procure l'avantage d'une plus grande abondance de produits achetés à des prix moindres.

Pour changer cet état de choses, ou pour le régulariser, en conciliant tous les intérêts, l'intervention diplomatique est nécessaire : il importe que les ministères des affaires étrangères et de la marine se concertent afin d'arriver à modifier et remplacer la loi du 12 décembre 1790 par la présentation au pouvoir législatif d'une loi nouvelle sur la matière.

Ici, quelques observations sont à faire, quelques explications sont utiles à donner.

Ce n'est point la faculté de venir pêcher dans les eaux de notre mer territoriale (dont il est à remarquer, en passant, que nos pêcheurs de la Méditerranée inclinent à étendre le rayon bien au delà de la limite de trois milles) ; ce n'est point, dis-je, cette faculté d'exercer la pêche dans notre zône territoriale, avec obligation de se conformer à nos règlements, qui constitue le vrai privilége, la partie essentielle du privilége dont, en vertu du pacte de famille et de la loi de 1790, les pêcheurs catalans et napolitains, et, par une extension abusive, les pêcheurs sardes, jouissent depuis tant d'années : le privilége réel, la partie essentielle du privilége où l'aiguillon de la concurrence se fait le plus sentir à nos pêcheurs, c'est l'avantage qu'ont ces étrangers de placer les produits de leur industrie sur nos marchés *ex æquo* avec les produits de la pêche française, c'est-à-dire en exemption de tous droits d'entrée et d'octroi. Là, je le répète, est le point important du privilége ; là se trouve ce qu'il offre de véritablement exorbitant, ce qu'on peut, aujourd'hui surtout, appeler une énormité, si l'on considère d'ailleurs que nos pêcheurs ne retirent, en fait, pour ainsi dire, aucun profit de la réciprocité, purement nominale, qui leur est acquise sur les côtes d'Espagne et des Deux-Siciles. L'idée de frapper d'un droit les produits de la pêche de ces étrangers se présente naturellement à l'esprit ; mais ici, attention ! l'intérêt des consommateurs est, qu'on se le rappelle bien, en opposition, en désaccord avec l'intérêt maritime : l'un appelle, l'autre repousse la concurrence. L'intérêt maritime étant l'intérêt prédominant, il faut soumettre les produits de la pêche des Catalans, Napolitains et Sardes, à l'imposition d'un droit *modéré*, que l'extrême sobriété de ces étrangers leur permettra de supporter, mais qui cependant leur suggérera la pensée de chercher à s'en exonérer en entrant dans la grande communauté française : il faut, en un mot, rendre pour eux la naturalisation désirable, mais il faut aussi la rendre pour eux accessible ; et c'est ici le lieu de regretter qu'aucune disposition, par amendement ou addition, ne soit venue compléter, à cet égard, la série de mesures sur la naturalisation proposée par les honorables MM. de Valimesnil et Lefebvre-Duruflé. De tout temps, la France a cherché à attirer et à retenir dans son sein les étrangers qu'elle croyait pouvoir utilement employer au service de sa marine, montrant assez par là l'importance qu'elle attachait à cet élément, à ce supplément de personnel naval, qui, en effet, n'est point à négliger. C'est ainsi que, sous l'ancienne monarchie, à l'époque de la plus grande splendeur de la marine française, un édit de Louis XIV, du mois d'avril 1687, et la célèbre ordonnance de 1689, concernant les armées navales et arsenaux de la marine, prescrivaient de porter sur les rôles des *classes* « tous les matelots » étrangers qui voudraient s'habituer dans le royaume, » lesquels, après cinq années de service sur les vaisseaux » de Sa Majesté, ne seraient plus réputés aubains, mais » jouiraient de tous les droits et priviléges dont jouissent » les Français naturels, sans avoir besoin de prendre des » lettres de naturalité, en rapportant l'extrait de leur » enrôlement et les certificats des capitaines des vaisseaux » sur lesquels ils auraient servi, visés de l'intendant gé- » néral de la marine ayant l'inspection des classes, ou, » en son absence, des commissaires y préposés. » C'est ainsi que, sous la première République française, un ar- rêté consulaire, du 14 fructidor an VIII, disposait que » tous marins étrangers résidant sur le territoire de la » République, qui auraient épousé une femme française » et navigué sur les bâtiments du commerce français, se- » raient assujettis à servir sur les vaisseaux de l'État. » Ce même arrêté leur imposait l'obligation de se présen- ter au bureau de l'inscription maritime du quartier dans le ressort duquel ils résideraient, pour s'y faire inscrire; puis il ajoutait qu'après leur inscription, ces marins étrangers seraient considérés comme marins français, et participeraient, comme ceux-ci, aux avancements, aug- mentations de paye, parts de prises et pensions accor- dés par les lois aux gens de mer. L'arrêté ordonnait, d'ailleurs, qu'à défaut de la présentation spontanée des marins étrangers au bureau de l'autorité maritime, on procédât à l'inscription d'office de ceux dont la résidence en France et le mariage avec une Française auraient été constatés, lorsqu'ils réuniraient le nombre de mois de mer fixé par la loi du 3 brumaire an IV concernant l'inscription maritime. C'est ainsi enfin que, comme on l'a vu plus haut, la loi du 12 décembre 1790 avait entendu, par une de ses prescriptions demeurée sans exécution, que les marins espagnols dont elle consacrait le privilége pour la pêche sur nos côtes, arrivassent à être attachés, en définitive, au service de la France, soit qu'il s'agît de leur conférer la naturalisation *in extenso,* c'est-à-dire la naturalisation avec tous les droits et priviléges des Français naturels, soit qu'il s'agît de leur accorder une naturalisation restreinte, une naturalisation purement *maritime,* comme celle établie par l'arrêté consulaire de fructidor an VIII, dont il est à remarquer qu'aucune abrogation expresse n'est venue interdire l'application, qui continue d'être faite sur quelques points du littoral. J'exprimerai encore une fois le regret que, ni dans la proposition de MM. de Vatimesnil et Lefebvre-Duruflé, ni dans la discussion à laquelle elle a donné lieu, rien n'ait été dit au sujet des marins-pêcheurs étrangers, pour lesquels il y avait et il y a encore quelque chose à faire. La marine, suivant l'usage, a dormi, et personne n'a songé à la tirer de son sommeil. Heureusement le mal peut être réparé par des dispositions spéciales, au moyen du remaniement de la loi du 12 décembre 1790. Je veux surtout parler de ceux des pêcheurs étrangers qui sont *domiciliés* dans plusieurs de nos ports de la Méditerranée, et principalement à Marseille. « Ces étrangers (est-il dit dans » une des réclamations si fréquemment renouvelées con- » tre eux) sont établis à Marseille, de père en fils, pour » la plupart ; ils y contractent des alliances ; ils ont oublié

» les mœurs, les habitudes et jusqu'au langage du pays
» dont ils sont originaires. »

Mais quand on examinera la question, on sera inévitablement amené à en agrandir le cercle. En effet, indépendamment des Catalans, des Napolitains et des Sardes, qu'on trouve dans nos ports de la Méditerranée, n'y a-t-il pas, sur d'autres points de nos frontières de mer, à Saint-Jean-de-Luz, à Bayonne, à Dunkerque, des marins basques espagnols, des marins belges, qui, domiciliés pour la plupart, font la navigation ou la pêche sur nos bâtiments, où leur présence constitue aussi une résidence équivalente à la résidence à terre, car là où flotte le pavillon français est la France, car le navire est une continuation du territoire? Beaucoup de ces étrangers figurent sur les matricules de l'inscription maritime : les uns y ont été inscrits en vertu de l'arrêté de fructidor an VIII ; les autres s'y trouvent portés, soit parce qu'ils l'ont demandé, soit parce que l'administration de la marine s'est crue autorisée à les inscrire à cause de la longue résidence de leurs familles en France et de leur emploi à bord des navires français. Les marins étrangers ainsi immatriculés sont appelés à servir sur la flotte, de la même manière que les marins français ; beaucoup d'entre eux y ont accompli de longs services ; plusieurs y ont acquis des grades dans les cadres de la maistrance, c'est-à-dire parmi les officiers-mariniers, autrement dit, les sous-officiers de l'armée navale. Et cependant, aucun d'eux n'est citoyen français ; et cependant, leur présence dans les rangs de l'armée ou d'une des branches de l'armée, est en opposition avec le principe général établi par l'art. 2 de la loi du 21 mars 1832 sur le recrutement. Cette situation est anor male, elle doit être régularisée par des dispositions qui statuent pour le présent et pour l'avenir.

Ne pourrait-on point, par exemple, relever les fils d'étrangers *nés en France*, adonnés à la navigation ou à la pêche et portés sur les matricules de l'inscription maritime, de la déchéance que, faute d'avoir été éclairés, ils ont encourue pour n'avoir point fait en temps utile, c'est-à-dire *dans l'année qui a suivi leur majorité*, la déclaration prescrite par l'art. 9 du Code civil?

Ne pourrait-on point, relativement aux autres marins étrangers, domiciliés en France, portés sur les matricules de l'inscription maritime, ayant satisfait aux appels pour le service de la flotte, leur tenir compte du temps passé sur les bâtiments de l'état, les dispenser de tout stage, ou ne leur en imposer qu'un très court pour l'admission à naturalisation?

Ne pourrait-on point, relativement au surplus de cette population, c'est-à-dire relativement aux marins étrangers, domiciliés ou non, restés en dehors des matricules, n'ayant point participé aux charges du service de la flotte, mais ayant navigué ou pêché sur des bâtiments du commerce ou bateaux français, ou ayant, par la pêche faite sous leur pavillon et dans nos eaux, offert à l'industrie française l'exemple de procédés utiles à imiter; ne pourrait-on point, dis-je, relativement à cette catégorie d'étrangers (qui comprendrait les Catalans, Napolitains et Sardes dont il a été ci-dessus parlé), exiger, pour l'admission à naturalisation, un stage un peu plus long, après autorisation d'établissement de domicile, avec inscription sur les matricules de la marine, et accomplissement d'un certain temps d'emploi au service maritime de l'état?

Bien entendu que, dans ces divers cas, l'avis à donner par le conseil d'état, suivant l'art. 1er de la loi proposée par MM. de Vatimesnil et Lefebvre-Duruflé, devrait s'appuyer sur des attestations émanant des autorités maritimes.

Toutes ces propositions, au surplus, ne sont que des indications qui ont besoin d'être étudiées ; mais elles pourront servir, du moins je l'espère, à la solution de la question très grave qu'elles concernent.

Je crois indispensable de terminer cet écrit par la publication du projet de loi qui m'en a suggéré l'idée, c'est-à-dire de mon projet de loi pénale touchant la pêche maritime côtière. J'ignore d'ailleurs quel sort est réservé à ce projet dans les mains de la commission qui a été chargée d'en faire l'examen. Redoutant des innovations, des permutations, je tiens à produire, au moins comme sujet d'une comparaison qui peut avoir son utilité, ce travail tel que je l'ai conçu d'après mon expérience et mes études, travail qui, dans cet état, sur la communication officieuse que j'en ai faite, m'a valu, de la part des principaux administrateurs de la marine, un assentiment et des suffrages auxquels j'attache un prix infini. Mes efforts ne pouvaient me faire obtenir une récompense plus flatteuse.

Voici donc, dans toute la simplicité de sa contexture, jugée suffisante et convenablement ordonnée par ceux-là mêmes qui seront appelés à en faire l'application, mon projet de loi, précédé du rapport qui, à la suite d'explications générales, indique les motifs des divers articles dont il se compose.

RAPPORT

CONTENANT L'EXPOSÉ DES MOTIFS D'UN PROJET DE LOI

POUR LA

RÉPRESSION DES CONTRAVENTIONS

En matière de pêche maritime côtière,

Adressé au Ministre de la marine, le..... décembre 1846, par M. MAREC, maître des requêtes au Conseil d'état, sous-directeur du personnel et des opérations maritimes.

Depuis long-temps, se fait sentir le besoin d'une loi qui donne les moyens de réprimer avec efficacité les contraventions aux règlements concernant la pêche pratiquée en mer le long des côtes, ainsi que dans la partie salée des fleuves et rivières affluant à la mer.

Au nombre de ses devoirs les plus essentiels, l'administration de la marine compte celui de veiller à la police et à la conservation de la petite pêche, cette industrie maritime si précieuse, qu'on peut appeler l'école primaire des jeunes marins, et qu'avec non moins de raison on peut aussi considérer comme l'asile des marins vétérans, à qui l'âge ou les infirmités sont venus interdire les longues navigations au service de l'État et du commerce.

Pour l'accomplissement de cette tâche importante, l'administration se trouve en présence d'une ancienne législation, composée d'une multitude d'actes, édits, déclarations, lettres patentes, ordonnances, arrêts du conseil, qui ont tracé, avec une admirable sagesse, les règles si variées relatives aux différentes espèces de pêches maritimes, et qui ont, en même temps, édicté les peines que l'infraction de ces règles ferait encourir aux contrevenants.

Mais si les dispositions de police de ces vieux et respectables monuments de notre législation sont encore aujourd'hui des modèles qu'on ne saurait mieux faire que de reproduire ou d'imiter dans les règlements nouveaux à intervenir, les dispositions pénales, qui se ressentent de l'époque où elles ont été établies, sont devenues, pour la plupart, inapplicables, comme n'étant plus en harmonie avec nos mœurs et nos institutions actuelles; les autres, qui, par leur nature, étaient encore susceptibles d'être appliquées, ont cessé de pouvoir l'être depuis que, par un arrêt rendu en 1834, la Cour de cassation a proclamé le principe que les anciens règlements n'étaient exécutables dans leur partie pénale qu'autant qu'ils avaient reçu la consécration de l'enregistrement au parlement : or, la preuve de cette formalité manque pour la plupart des règlements sur les pêches maritimes.

Ainsi donc, avec une multitude de dispositions réglementaires propres à satisfaire encore, au point de vue de la police, et sauf quelques modifications et additions, à presque toutes les nécessités, l'administration se trouve désarmée faute de la sanction pénale indispensable pour en assurer l'exécution.

Aussi, il faut le reconnaître, par suite de cet état de choses, et malgré la vigilance, malgré les efforts de l'administration, le désordre, dans la pratique des différentes pêches maritimes, est arrivé à son comble, et il menace de tarir dans sa source une industrie importante, si justement surnommée l'agriculture de la mer, dont l'exploitation occupe plus de 25,000 marins, race d'hommes essentiellement imprévoyante, toujours portée à sacrifier au présent l'avenir, et que, sous l'inspiration du sentiment d'intérêt qu'elle mérite d'ailleurs à tant d'égards, on ne saurait trop prémunir contre les suites funestes de son aveuglement.

De plus, il est à remarquer que, dans les anciens règlements, par un défaut de méthode qu'ont su éviter les législateurs modernes, les peines se rattachent toujours à telle ou telle espèce de pêche, au lieu d'embrasser d'une manière générale les contraventions du même genre ; de sorte que, si tels de ces règlements ne contiennent, sur tels ou tels points relatifs à telles ou telles pêches, que des dispositions de police (et un assez grand nombre sont dans ce cas-là), la faculté de punir échappe, car il est impossible, d'après les exigences du droit étroit en matière de pénalité, d'emprunter aux autres règlements leurs dispositions pénales pour les transporter à un cas d'infraction qui, sauf la différence des pêches, est cependant identiquement le même que celui qu'ils ont prévu et puni.

Enfin, au tort d'avoir élevé à un taux excessif les peines d'amende et d'emprisonnement (sans parler des autres peines (1) que leur nature rend aujourd'hui absolument inplicables), les anciens règlements joignent celui de les avoir déterminées par une fixation absolue, qui ne laisse au juge aucune latitude pour les graduer dans l'application, en en tempérant la rigueur suivant les circonstances.

____

(1) Telles que, par exemple : l'amende *arbitraire*, la punition corporelle, les *galères*.

C'est en vue de remédier à tous ces inconvénients, à tous ces vices, si nuisibles à la prospérité de la pêche côtière, et, par suite, au bien-être de la population maritime qu'elle alimente, qu'a été préparé le projet de loi que le ministre s'est engagé à soumettre aux délibérations des Chambres dans la prochaine session.

Ce projet a été rendu aussi court que possible, sans cependant cesser d'être complet, c'est-à-dire suffisant; du moins, on a l'espoir d'avoir atteint ce but.

Un examen rapide des articles, au nombre de quatorze seulement, dont il se compose, va faire ressortir, avec toutes les explications nécessaires, l'esprit dans lequel ses dispositions ont été conçues.

ART. 1er.

L'article 1er rappelle et consacre, de nouveau, la compétence des tribunaux correctionnels pour le jugement des contraventions en matière de pêche maritime. C'est une attribution que ces tribunaux exercent depuis la suppression des amirautés en 1791, et elle leur a été expressément dévolue par la loi votée dans la dernière session et promulguée le 23 juin 1846, sur la répression des infractions au règlement international concernant les pêcheries dans les mers situées entre les côtes de France et celles de la Grande-Bretagne. La juridiction correctionnelle est aussi celle devant laquelle renvoie, pour le jugement des infractions à ses dispositions, la loi du 15 avril 1829 sur la pêche fluviale.

La disposition finale de l'article 1er, qui range sous l'action des règlements de pêche *maritime* la pêche qui se fait dans la partie salée des fleuves et rivières affluant à la mer, est conforme à la disposition du § 2 de l'art. 3

de la loi du 15 avril 1829, suivant laquelle l'action des règlements de pêche *fluviale* ne commence qu'à partir du point où cesse la salure des eaux.

Art. 2.

L'article 2 détermine la nature et la limite générale des peines, pour l'établissement desquelles ont est parti du principe que la pénalité, surtout dans une matière comme celle dont il s'agit, doit être modérée pour être sûrement applicable, et, conséquemment, répressive. Cette pénalité est conforme d'ailleurs à celle de la loi déjà citée du 23 juin 1846 : c'est l'amende depuis 5 fr. jusqu'à 250 fr. ; c'est l'emprisonnement depuis deux jours jusqu'à trente jours ; c'est la confiscation telle que l'a entendue le Code pénal ordinaire, savoir : la confiscation des choses produites par la contravention, et celle des instruments qui ont servi ou étaient destinés à la commettre.

La loi du 15 avril 1829, sur la pêche fluviale, porte (article 69) qu'en cas de récidive la peine *sera toujours* doublée.

La loi du 3 mai 1844, sur la chasse (article 14), et celle du 23 juin 1846, sur les pêcheries dans les mers situées entre les côtes de France et les côtes de la Grande-Bretagne (article 7), disent seulement qu'en cas de récidive la peine *pourra être* doublée.

Il a paru convenable d'adopter dans le projet de loi, pour les cas de récidive, une disposition qui se rapprochât de l'un et l'autre systèmes des lois précitées, ainsi que de la disposition de l'article 58 du Code pénal ordinaire ; et c'est dans cet ordre d'idées qu'a été conçue la disposition du 6e paragraphe de l'article 2, portant qu'en cas de récidive le délinquant sera condamné au maximum de la peine d'amende ou d'emprisonnement prononcée par la loi, lequel maximum *pourra être* élevé jusqu'au double. Cette méthode, qui concilie une sévérité nécessaire avec la modération dont on a cherché à empreindre, dans une juste limite, la loi projetée, a semblé offrir aussi l'avantage d'une disposition plus précise que celle des lois ci-dessus mentionnées.

Quant à la fixation du laps de temps dans lequel une première condamnation fait encourir, en cas de condamnation nouvelle, la peine de la récidive, le délai de douze mois établi par les lois sur la pêche fluviale et la chasse, à l'instar de la disposition de l'art. 483 du Code pénal ordinaire, a paru devoir être adopté dans le § 7 de l'art. 2, de préférence au délai de *deux* années établi par la loi du 23 juin 1846, qui sans doute, en aggravant ainsi la condition des délinquants en récidive, a voulu se rapprocher un peu de la sévérité de la loi anglaise, d'après laquelle toute contravention que précède une condamnation prononcée contre le même délinquant, *à quelque époque que ce soit*, constitue le cas de récidive. Il est bien entendu d'ailleurs par la rédaction de la dernière partie du § 7 de l'art. 2, que la récidive n'est pas restreinte à la rechute dans *la même espèce d'infraction*, mais qu'il y a récidive, sauf le délai fixé, dès qu'à la suite d'une première condamnation intervenue en vertu de la loi, une nouvelle infraction *quelconque* dans la matière qu'elle prévoit a été commise.

La disposition du § 8 et final de l'art. 2, qui attribue le produit des amendes et confiscations à l'établissement des Invalides de la marine, ne fait que consacrer, en la fortifiant, une dévolution qui résulte déjà d'une disposition générale des ordonnances des 22 mai et 17 juillet 1816 sur l'administration de cet établissement. Cette dévolution, indiquée par la nature des contraventions et la position des justiciables, est d'autant plus convenable qu'elle peut être considérée comme une sorte de réparation du dommage causé à la masse des gens de mer par les infractions aux règles conservatrices de la pêche, et il y a encore ceci de remarquable, à savoir : que les contrevenants eux-mêmes sont appelés à profiter un jour, comme tous les autres marins, de l'élément de recette fourni, par le fait de leurs infractions, à la caisse commune où la population maritime puise des secours et des pensions.

Art. 3.

L'article 3 est un des plus importants du projet.

Au pouvoir législatif appartient le droit de fixer la juridiction, la compétence, les peines ; à l'autorité administrative, celui de fixer les règles à observer pour la police et la conservation de la pêche.

La détermination de ces règles par ordonnances royales est conforme à ce qui a été statué, dans une matière tout à fait analogue, par l'article 26 de la loi du 15 avril 1829, sur la pêche fluviale. C'est aussi à des ordonnances royales que les lois du 22 avril 1832, sur les primes accordées pour les *grandes* pêches maritimes, c'est-à-dire pour les pêches de la morue et de la baleine, ont commis le soin de déterminer les conditions d'après lesquelles ces encouragements, qui occasionnent au trésor des dépenses si considérables, mais si utiles, peuvent être accordés. Qu'on remarque bien, d'ailleurs, que les règles de police pour la petite pêche en mer sont sujettes à éprouver des changements, qui souvent doivent être faits avec promptitude, et cette observation achèvera de justifier la disposition du § 1er de l'art. 3.

Les 8 numéros qui suivent ce paragraphe énoncent, d'une manière générale et sommaire, toutes les dispositions principales, c'est-à-dire les injonctions de faire ou de ne pas faire, dont les ordonnances à intervenir offriront le développement, et dont la violation doit constituer les contraventions punissables par la loi. Les infractions se trouvent ainsi ramenées à des cas généraux, à une classification par catégories, abstraction faite des espèces de pêche : les règles peuvent varier suivant les besoins, les localités, les circonstances éventuelles; mais la répression reste stable, et toutes les contraventions, quelles qu'elles soient, tombent immanquablement sous le coup d'une pénalité d'avance établie par la loi, de façon que le grand principe de notre droit criminel [art. 4 du Code pénal (1)] se trouve respecté.

C'est par égard pour ce principe fondamental, et attendu l'impossibilité de tout prévoir par des énonciations positives, que le n° 8 et final de l'art. 3 est rédigé de manière à enserrer dans une catégorie qui ne laissera aucun fait punissable en dehors, toutes les contraventions qui ne se rapporteraient point aux énonciations expresses des catégories établies par les 7 premiers numéros dudit article 3.

Art. 4.

Le pouvoir que donne aux préfets maritimes l'article 4,

___

(1) « Nulle contravention, nul délit, nul crime, ne peuvent être punis de peines qui n'étaient pas prononcées par la loi avant qu'ils fussent commis. »

de rendre des arrêtés provisoirement exécutoires pour la suspension éventuelle de la pêche sur les bancs d'huîtres ou les moulières, se justifie par la nécessité où l'on se trouve quelquefois d'interrompre *subitement*, avant l'époque de clôture ordinaire, l'exploitation de tout ou partie des huîtrières ou moulières, afin de prévenir l'entier épuisement des bancs. Ce pouvoir est d'ailleurs soumis à des réserves qui doivent pleinement rassurer sur l'usage qui en sera fait, et il est bien moindre assurément que celui dont la loi relative à la police de la chasse, du 3 mai 1844, a investi les préfets des départements, que les articles 3 et 9 de ladite loi autorisent à rendre, sur plusieurs points importants, des arrêtés qui ont un caractère définitif.

Art. 5.

L'article 5 a une corrélation intime avec l'article 2 sur la nature et la limite générale des peines, et avec les articles 3 et 4 sur les divers cas constitutifs d'infractions. En se renfermant dans la limite générale posée par l'article 2, il présente successivement, dans des *sous-limites*, le détail des pénalités applicables aux différentes infractions : c'est une décomposition de l'échelle générale en autant d'échelles particulières qu'il y a de contraventions prévues à punir. La répartition des peines a été faite de manière à proportionner, le mieux possible, la mesure de la répression au degré de gravité du manquement. Sauf en ce qui touche les infractions consistant dans l'emploi d'appâts défendus et dans la violation des règles relatives aux pêcheries sédentaires, pour lesquelles infractions il y a possibilité de cumuler l'amende (susceptible ici d'être portée jusqu'au maximum général de 250 fr.) avec l'emprisonnement (pareillement ici susceptible d'atteindre le maximum général de 30 jours), les juges devront, dans tous les autres cas, par une option obligatoire, imitée de la loi déjà citée du 23 juin 1846, choisir entre l'emprisonnement et l'amende maintenus au dessous du maximum général. Quant au point de départ de l'une et l'autre peines, les diverses fixations de minimum sont généralement peu élevées, de manière à permettre aux juges de n'infliger qu'une peine légère, si, d'après les circonstances de la cause, ils l'estiment suffisante : en procédant de cette façon, on a eu en vue d'éviter l'inconvénient que présente, dans plusieurs lois, le trop d'élévation du minimum, et l'on s'est conformé ainsi à l'esprit de la loi sur la pêche fluviale, qui (art. 72) autorise implicitement à réduire l'emprisonnement même jusqu'à un jour, et l'amende même jusqu'à 1 fr., par application de l'art. 463 du Code pénal, dont il est cependant à remarquer que la loi sur la chasse (art. 20) défend l'application aux délits qu'elle prévoit. Bien que dans la loi actuelle, ainsi qu'on vient de le dire, le minimum des peines soit, en général, modéré, tout comme dans la loi de 1846 sur les pêcheries entre les côtes de France et celles d'Angleterre, on n'a point cru devoir y insérer une pareille défense ; et par conséquent, dans l'exécution de la loi projetée, tout comme dans celle de la loi de 1846, le bénéfice de l'art. 463 du Code pénal, pour l'abaissement de ces peines au dessous des fixations de minimum, pourra, au gré des juges, être appliqué.

Quelques explications paraissent maintenant nécessaires en ce qui touche la confiscation, moyen de répression beaucoup trop multiplié dans les anciens règlements sur les pêches maritimes, et dont on a cherché à faire usage avec plus de modération et de discernement dans la loi actuelle, en se conformant, comme on l'a dit précédemment, aux principes, sur ce point, du Code pénal ordinaire.

La confiscation du poisson ou coquillage pêché hors des époques fixées (n° 1 de l'article 5 et n° 1 de l'article 3); celle des rets, filets, engins, instruments de pêche prohibés ou détournés de leur emploi spécial (n° 2 de l'article 5 et n° 2 de l'article 3); celle du frai pêché, exposé en vente, vendu, acheté, transporté ou colporté, etc., ainsi que des poissons, moules et huîtres au-dessous des dimensions prescrites (n° 4 de l'article 5 et n° 5 de l'article 3); celle enfin des appâts défendus, du poisson pris au moyen de ces appâts, et des filets, engins et instruments qui ont aussi servi ou devaient aussi servir à le prendre (n° 5 de l'article 5 et n° 6 de l'article 3), n'ont pas besoin d'être justifiées.

Si, d'après le deuxième paragraphe du n° 2 de l'article 5, les bateaux, bien qu'ayant été un moyen de contravention, ne doivent être confisqués que quand ils sont d'une espèce absolument prohibée, c'est qu'en effet, il y a à distinguer entre les bateaux frappés d'une prohibition absolue, tels que les bateaux sans quille, mât, voile ni gouvernail, essentiellement nuisibles comme permettant de s'approcher du rivage jusqu'à le toucher, et d'écraser ainsi le frai, et les bateaux qui, par exemple, défendus pour certaines pêches, s'ils n'ont pas tel tonnage déterminé ou s'ils ont un pont, sont d'ailleurs d'une construction innocente qui permettrait de les employer à une autre pêche sans aucun inconvénient. Il a paru qu'il y aurait trop de rigueur à joindre la confiscation des bateaux de cette dernière espèce à celle des rets, filets et engins qu'encourt le patron qui a fait usage de rets, filets et engins prohibés, ou d'une espèce permise, mais irrégulièrement installés. La confiscation du bateau constitue pour un patron, en addition à l'amende et à la confiscation des filets ou engins, une peine pécuniaire très dure, et l'on a cru qu'elle devait lui être épargnée quand l'embarcation, bien qu'ayant servi à commettre la contravention, n'était point d'une espèce absolument prohibée.

Il reste à parler de la confiscation des parcs, madragues, bordigues et pêcheries, qui sera prononcée, avec démolition aux frais des délinquants, dans tous les cas de contraventions concernant ces établissements sédentaires de pêche (n° 6 de l'article 5 et n° 7 de l'article 3). Il n'y avait point lieu de se montrer ici indulgent. Les établissements dont il s'agit sont la cause la plus active du désempoissonnement des côtes. Si les pêcheries *temporaires* peuvent être facultativement formées par les riverains sur les grèves, ce n'est qu'à la condition qu'elles seront installées et exploitées conformément aux règlements. Quant aux pêcheries *à demeure* ou parcs proprement dits, à très peu d'exceptions près, des autorisations d'en former de nouvelles ne seront point accordées. C'est déjà beaucoup trop que l'administration soit forcée de laisser subsister les parcs, malheureusement si nombreux, qui couvrent plusieurs parties du littoral, au grand préjudice des pêcheurs riverains et contrairement au principe de la liberté et de la communauté de la pêche en mer. A ce reproche, qui est commun aux madragues et bordigues, se joint celui qu'encourent essentiellement les parcs, madragues et bordigues, c'est-à-dire toutes ces pêcheries exclusives à perpétuité ou à long terme, de ne point favoriser, comme le fait la pêche par bateaux, comme le font

les tentes à la basse eau et les poses de pêcheries tempo
raires, successivement praticables par tous les riverains,
l'accroissement et le bien-être de la population maritime.
Il n'est cependant aujourd'hui aucun parc de pêche en
pierre ou en bois dont l'existence soit régulière, puisque,
pour légitimer cette existence, il faudrait justifier d'une
fondation antérieure à l'année 1544 : ce sont donc autant
d'empiètements sur le domaine public, c'est-à-dire sur
le rivage de la mer ; et bien que ce domaine soit, de sa
nature, imprescriptible et inaliénable (suivant les articles
538 et 741 du Code civil), il faut reconnaître que les parcs
ou pêcheries à demeure ont passé, depuis des siècles, par
tant de mains, à titre successif, testamentaire ou oné-
reux, que l'éviction de ceux qui les possèdent aujourd'hui
serait, si non impossible, du moins sujette à des difficultés inextricables, qui équivalent presque à une impossibilité. Grâce aux dispositions des articles 3 et 5 (nᵒˢ 7
et 6) du projet de loi, les possesseurs exclusifs de parcs,
madragues et bordigues seront avertis que, pour continuer
à posséder ces établissements, ils doivent, dans leur installation et exploitation, se conformer aux règles conservatrices de la pêche, sous peine de les voir supprimer en
cas de contravention, et ce sera, il faut le dire, un des
plus grands bienfaits de la loi projetée.

On ne terminera pas les explications qui se rapportent
à l'art. 5, sans avoir appelé particulièrement l'attention
sur les dispositions des pénultième et dernier paragraphes
du nᵒ 4 de cet article :

Le pénultième paragraphe déclarant passibles de la pénalité prononcée par le § 1ᵉʳ dudit nᵒ 4, tout aussi bien
que ceux qui auront pêché, ceux qui auront mis en vente,
vendu, acheté, transporté, colporté, salé, employé soit

à la nourriture des animaux , soit à l'engrais des terres ou à quelque autre usage que ce soit, le frai du poisson ou poisson du premier âge assimilé au frai, ainsi que ceux qui auront mis en vente, vendu, acheté, transporté ou colporté des poissons ou coquillages au-dessous des dimensions prescrites ;

Le dernier paragraphe, étendant la pénalité établie par le n° 1 de l'art. 5, pour le fait de la pêche en temps prohibé, au fait d'avoir mis en vente, vendu, acheté, transporté ou colporté des huîtres et moules, quelles qu'en soient les dimensions, durant le temps où la pêche de ces coquillages est interdite, à moins qu'il ne s'agisse d'huîtres qui aient été ramassées sur le rivage, ou extraites des étalages et parcs destinés au dépôt et à l'élève de ce coquillage , ou de moules provenant des parcs spéciaux dans lesquels ce dernier coquillage est pareillement déposé pour y être élevé, et pourvu encore que lesdites huîtres et moules aient la dimension réglementaire voulue.

La prohibition d'acheter et de vendre est le complément de la prohibition de pêcher ; par la première , on fortifie et complète la seconde, tout comme on entrave le vol en punissant le recel. Aussi, les anciens règlements, pour ce qui touche la conservation du frai et du poisson du jeune âge, n'avaient eu garde d'omettre cette combinaison , en frappant les contrevenants des peines les plus sévères (Déclaration des 23 avril, 2 septembre et 24 décembre 1726).

La loi du 15 avril 1829, sur la pêche fluviale, punit (art. 30) ceux qui pêchent, colportent ou débitent des poissons n'ayant pas les dimensions déterminées par les ordonnances.

La loi du 3 mai 1844, sur la chasse, est plus absolue dans ses prohibitions : elle porte (art. 4) que, dans chaque département, il est interdit de mettre en vente, de vendre, d'acheter, de transporter et de colporter du gibier, pendant le temps où la chasse n'y est pas permise. Cette interdiction de vendre, d'acheter, etc., est la conséquence logique, rigoureuse, de l'interdiction de chasser. Il est à remarquer encore que, d'après la loi de 1844, l'interdiction de chasser, sauf quelques différences entre les époques d'ouverture et de clôture, suivant les départements, et sauf les défenses locales et éventuelles pendant les temps de neige, est *générale* pour tout le territoire du royaume.

Mais, relativement à la pêche maritime, plusieurs remarques et distinctions sont à prendre en considération.

Et d'abord, en fait de *poisson* proprement dit, et d'après les règlements actuels ou projetés, la plupart des pêches principales (harengs, maquereaux, merlans ; — turbots, raies, soles ; — chevrettes, homards et autres crustacés) sont ou seront libres pendant toute l'année. Pour les autres pêches, tel arrondissement maritime admet une limitation que tel autre n'admet pas. Il n'y a donc pas un intérêt véritable, et il pourrait y avoir de l'inconvénient, en raison de la difficulté de constater la provenance, c'est-à-dire le lieu de pêche (suivant les espèces) des produits exposés en vente, à punir le fait de la vente de ceux des *poissons* dont la pêche est ou sera limitée, qui auraient été pris en temps prohibé. Ici la punition du fait de pêche suffira.

Mais il n'en saurait être ainsi à l'égard du frai ou poisson du jeune âge assimilé au frai ; il n'en saurait être ainsi à l'égard du poisson ou coquillage n'ayant pas les dimensions prescrites ; il n'en saurait être ainsi à l'égard des huîtres et des moules, pour la pêche desquelles il y a ou aura, chaque année, une interdiction temporaire *générale :* ici le fait de vendre, acheter, etc., doit nécessairement être puni aussi bien que le fait de pêcher.

Seulement, en ce qui touche les huîtres et les moules, il est à remarquer :

1° Que les huîtres, quand elles sont vendues pour être conservées ou livrées à la consommation, ne proviennent point toutes directement des bancs, sur lesquels on les drague à l'aide de bateaux, une partie étant ramassée par les riverains sur la grève, ce qui constitue, à côté de la pêche en bateaux, la pêche à pied et à la main, dite *serrage ;*

2° Que, tandis que la pêche en bateaux, et, par suite, la vente des produits directs de cette pêche, sont interdites pendant une partie de l'année, la cueillette à la main, ou serrage, et la vente des produits de cette cueillette peuvent avoir lieu *en toute saison,* à la condition seulement de ne point vendre les huîtres qui n'ont pas encore acquis la dimension réglementaire (60 millimètres : 2 pouces 1 quart, ou telle autre dimension, suivant qu'il s'agit de tels ou tels parages), dans la plus grande largeur de l'écaille ;

3° Que les petites huîtres, c'est-à-dire au-dessous de la dimension réglementaire, soit recueillies par la pêche en bateaux, soit ramassées à la main sur le rivage, peuvent, à la suite du triage qui en a été fait, n'être point toutes reportées sur les bancs, mais placées, en partie si elles proviennent des bancs, en totalité si elles proviennent du rivage, dans les étalages et parcs, où il est prescrit seulement de les laisser jusqu'à ce qu'elles soient parvenues au degré de croissance voulu pour pouvoir être livrées à la vente ;

4° Qu'à la différence des huîtres provenant directement des bancs, dont la vente ne doit avoir lieu que durant le temps où la pêche en bateaux est permise, les huîtres déposées, quelle que soit leur provenance, dans les étalages et parcs, où, tout comme les moules déposées dans leurs parcs spéciaux ou bouchots, elles croissent, engraissent et se bonifient (sans qu'il soit certain qu'elles s'y reproduisent), peuvent être vendues et livrées à la consommation *durant toute l'année*, dès qu'elles ont acquis la dimension réglementaire (savoir, 60 millimètres, 2 pouces 1 quart, de largeur, pour les huîtres, comme on l'a dit ci-dessus, et 34 millimètres, 15 lignes, de longueur, pour les moules, ou telle autre dimension, suivant les localités) ;

5° Enfin que, comme pour les huîtres, la vente des moules provenant directement des moulières ne doit avoir lieu que durant le temps où la pêche en est permise, mais que celles provenant des parcs ou bouchots dans lesquels elles ont pu être déposées, quelle que fût leur dimension, pour y être élevées, peuvent être aussi vendues toute l'année, dès qu'elles sont arrivées au degré de croissance déterminé par les règlements.

Ainsi donc, en résumé :

Défense et punition de la *pêche* en temps prohibé, des poissons dont la pêche n'est pas permise toute l'année ;

Défense *et punition* de la *pêche* et de la *vente*, etc., du frai de poisson ;

Défense *et punition* de la *pêche* et de la *vente*, etc., des poissons et coquillages au-dessous des dimensions prescrites ;

Défense *et punition* de la *pêche* et de la *vente* des huîtres et des moules provenant directement des bancs (huîtrières ou moulières), durant le temps où la pêche en est généralement interdite ; mais faculté de recueillir à la main ou par le procédé du *serrage*, en toute saison, des huîtres sur le rivage ; faculté de vendre immédiatement, en toute saison, celles desdites huîtres provenant de serrage qui, au moment de la cueillette, sont de la grandeur voulue ; obligation de laisser sur le rivage ou de déposer, en attendant croissance, dans les étalages et parcs, les huîtres qui n'ont pas cette grandeur ; pareillement obligation de laisser ou rejeter sur les moulières, ou de déposer, en attendant croissance, dans leurs parcs spéciaux ou bouchots, les moules prises au temps de pêche qui n'ont pas la grandeur voulue ; faculté enfin de vendre, en toute saison, celles des huîtres et moules, déposées et élevées dans les étalages et parcs, qui sont parvenues au degré de développement imposé.

Tous ces détails, qui, en raison de leur spécialité, ont paru indispensables, expliquent et justifient, sous leurs différents points de vue, les dispositions des pénultième et dernier paragraphes du n° 4 de l'article 5. On a pu juger combien ces dispositions, qui tendent à prévenir la destruction du frai, à assurer la conservation et la reproduction des espèces, en entretenant, pour le plus grand bien de la population riveraine, l'abondance de la pêche, sont importantes. Les auteurs des anciens règlements avaient donné à ce point essentiel tous leurs soins, et, s'associant à leur pensée, les officiers de l'amirauté, les commissaires des classes, ne s'épargnaient aucune peine pour atteindre ce but de leurs communs efforts. L'autorité maritime, aujourd'hui fortifiée dans son action par les dispositions du projet de loi, ne faillira point à ce devoir ; mais, pour le remplir avec efficacité, elle a besoin du concours de l'autorité civile, et il faut espérer que les agents de cette dernière autorité ne se mettront pas désormais dans le cas d'encourir le reproche que leur adressait jadis, dans son langage naïf et si plein de sens, le célèbre commentateur de l'ordonnance de 1681 :

« ...... Le mal est (disait Valin)...... que l'inspection
» des officiers de l'amirauté sur le poisson est bornée à
» celui qui se trouve en bateau, sur le rivage ou sur les
» grèves, ou dans les maisons des pêcheurs, sans aucune
» extension sur celui qui est exposé en vente dans les
» marchés ou places publiques des villes et des bourgs ;
» la police, en cette partie, étant confiée aux juges or-
» dinaires de police, qui, pour le dire en passant et sans
» dessein de blesser personne, sont d'une indifférence,
» sur ce point, qui n'est pas concevable.

» Dès que la déclaration du 23 avril 1726 parut, les
» officiers de l'amirauté représentèrent que le moyen le
» plus sûr, ou plutôt l'unique, pour empêcher que le frai
» du poisson ne fût exposé publiquement en vente, c'était
» de leur en attribuer la connaissance , en quelque en-
» droit que l'exposition en fût faite : mais il leur fut ré-
» pondu que, dans les marchés des villes et des bourgs,
» la connaissance en appartenait aux officiers ordinaires
» de police ; et cela a été nettement décidé par l'art. 12
» de la déclaration du 24 décembre 1726. Il fut enjoint
» néanmoins, en même temps, à ceux-ci, par l'art. 13,
» d'informer le procureur du roi de l'amirauté dans l'é-
» tendue de laquelle ils auraient surpris du frai de pois-
» son, du nom des pêcheurs qui l'auraient vendu aux
» marchands, chasse-marées, mareyeurs et autres ; mais,

» jusqu'à présent, on n'en a point vu d'exemple, quoi-
» que, tous les jours, on voie étalé dans les marchés, sur-
» tout à la campagne, du frai de poisson. »

On dira ici avec Valin, *en passant et sans dessein de
blesser personne*, que c'est malheureusement encore
comme cela aujourd'hui : mais il faut ajouter, pour être
juste, que l'application de l'ancienne législation dans sa
pénalité relative à ceux qui pêchent et à ceux qui ven-
dent du frai de poisson, rencontre un obstacle qui va enfin être levé par la loi projetée.

Art. 6.

Le projet de loi, dans l'article 6, est beaucoup moins
sévère que l'ancienne législation maritime (déclaration
du 23 avril 1726 et déclaration du 18 mars 1727), qui
punissait la fabrication, la vente et la détention des filets
et engins prohibés, quand cette fabrication, cette vente,
cette détention, avaient eu lieu non seulement par les fabricants et marchands de rets, mais encore *par toutes autres personnes*, en autorisant les officiers d'amirauté à
faire la recherche desdits rets et engins dans les maisons
des pêcheurs *et autres riverains de la mer*. La loi sur la
pêche fluviale défend expressément (article 40) aux garde-pêches de s'introduire, sous aucun prétexte, dans les
maisons et enclos y attenant, pour la recherche des filets prohibés; la loi sur la chasse contient *implicitement*
la même défense, puisqu'elle n'autorise (article 4, § 3)
la recherche *à domicile* que du gibier, et seulement chez
les aubergistes, marchands de comestibles, et dans les
lieux ouverts au public.

Cette dernière disposition et le précédent des anciens
règlements de la marine, qui accordaient une si grande

et si utile latitude pour la recherche des filets et engins de pêche maritime prohibés, ont conduit à penser que, par l'article 6 du projet de loi, cette recherche devait être autorisée au moins à l'égard des marchands et fabricants de rets et constructeurs de bateaux.

Mais la disposition desdites lois sur la pêche fluviale (article 29, § 2) et sur la chasse (article 12, § 3), qui punit « *ceux* qui seront trouvés porteurs ou munis, *hors* « *de leur domicile*, de filets, engins ou instruments de pê- « che ou de chasse prohibés », en autorisant, par cela même, la saisie desdits filets et engins (expressément suivant la loi sur la pêche fluviale, article 39, et implicitement suivant la loi sur la chasse, article 16, § 3), a paru devoir être restreinte, dans le projet actuel, aux *patrons et marins pêcheurs*.

Art. 7.

La disposition de l'article 7 relative à la preuve des délits, est analogue à celle de l'article 154 du Code d'instruction criminelle, de l'article 21 de la loi du 3 mai 1844 sur la chasse, et de l'article 52 de la loi du 15 avril 1829 sur la pêche fluviale : la loi du 23 juin 1846 sur les pêcheries entre la France et l'Angleterre ne contient aucune disposition expresse à cet égard, et s'en rapporte au droit général et à la jurisprudence de chaque pays, la preuve de la culpabilité ne pouvant être acquise en Angleterre que par l'aveu de l'inculpé ou la déposition de témoins faite en sa présence, tandis qu'en France elle peut résulter de procès-verbaux et rapports, aussi bien que de témoignages.

Les officiers et agents auxquels l'article 7 accorde le

droit de dresser, pour la constatation des délits, les procès-verbaux et rapports, qui, par imitation de la disposition de l'article 22 de la loi sur la chasse, doivent faire
foi jusqu'à preuve contraire, rempliront parfaitement
cette mission essentielle; et le droit de requérir l'assi-
stance de la force publique, qui leur est attribué, à l'instar et par reproduction de la disposition de l'article 43
de la loi sur la pêche fluviale, vient compléter d'une manière utile l'objet de l'article 7.

Art. 8.

L'article 8 est, avec une addition nécessaire, en ce
qui touche les contraventions relatives aux pêcheries sédentaires et à la pêche faite à pied ou sans bateau, la reproduction des dispositions des articles 1er et 9 de la loi
du 23 juin 1846 sur les pêcheries dans les mers entre les
côtes de France et celles de la Grande-Bretagne.

Art. 9.

L'article 9 reproduit littéralement, dans ses trois premiers paragraphes (sauf la suppression de quelques mots
qui ne pouvaient se rapporter à la loi actuelle), l'article 2
de la loi précitée du 23 juin 1846, et dans son dernier
paragraphe l'article 11 de ladite loi.

La disposition empruntée à l'article 2 de la loi de 1846,
d'après laquelle la poursuite ne peut avoir lieu que sur la
plainte du commissaire de l'inscription maritime, est
d'une importance véritable; elle est de nature à resser-
rer les liens qui doivent constamment exister entre les
gens de mer et l'autorité qui a mission spéciale de les
surveiller, de les protéger; elle aura pour effet de forti-
fier le pouvoir de cette autorité, et les marins pêcheurs y

trouveront, en même temps, pour les actes punissables qu'ils viendraient à commettre, la garantie d'une répression éclairée et paternelle. Mais on conçoit que le droit de provoquer l'action du ministère public ait dû être étendu à l'autorité civile, pour les contraventions se rapportant aux cas d'exposition en vente, de vente, achat, transport et colportage : ici, ce n'est plus un délit de pêche proprement dit, c'est un acte rentrant, jusqu'à un certain point, dans la classe des délits communs. Presque toujours, d'ailleurs, le fait se sera passé loin du commissaire de l'inscription maritime, dans des lieux, dans des circonstances où il n'a aucune autorité à exercer, quelle que soit la qualité des contrevenants, et, de plus, il arrivera souvent que ceux-ci seront étrangers à la marine. Ces considérations expliquent la teneur du § 4 de l'article 9.

D'après le Code d'instruction criminelle (articles 638 et 640), l'action publique et l'action civile se prescrivent par trois années s'il s'agit d'un délit correctionnel, et par une année pour les contraventions de police.

La réduction à trois mois de la durée de la prescription en ce qui touche les délits prévus par le projet de loi, réduction déjà consacrée, et par la loi sur la pêche fluviale, du 15 avril 1829 (article 62, dernière partie), et par la loi sur la chasse, du 3 mai 1844 (article 29), est d'autant plus convenable dans la loi actuelle, tout comme dans celle du 23 juin 1846, que la poursuite ne peut avoir lieu, en général, que sur la plainte du commissaire de l'inscription maritime, qui, d'après ses attributions spéciales, sera naturellement porté, lorsque le cas de contravention lui aura paru mériter d'être puni, à ne point le laisser sans épression, pour la demande de laquelle le laps de trois mois, eu égard à la nature des faits de pêche côtière, est bien suffisant.

Art. 10.

La loi du 25 juin 1846, en statuant, par son article 4, que « tous les actes de la procédure seraient sur papier « libre », n'a pas dit, du moins on le croit, tout ce qu'elle voulait dire ; car elle n'a, en fait, par l'expression employée (...... seront sur papier libre), dispensé les actes de procédure que du timbre, tandis que son intention semble avoir été de les exempter aussi, sinon de l'enregistrement, du moins *des frais* d'enregistrement. L'article 10 du projet, en empruntant à la loi de 1846 son article 4, a comblé cette lacune par une énonciation expresse, qui porte que les actes de procédure *et les jugements* (a-t-il paru convenable d'ajouter) seront rédigés sur papier libre *et enregistrés gratis.*

Il est à remarquer que la loi du 22 mars 1831, sur la garde nationale, offre l'exemple d'une disposition de ce genre, c'est-à-dire d'une disposition aussi complète que celle du projet de loi, dans son article 121, ainsi conçu : « Tous actes de poursuite devant les conseils de disci- « pline, tous jugements, recours et arrêts rendus en ver- » tu de la présente loi, seront dispensés du timbre et en- » registrés gratis. »

Le § 2 de l'art. 4 de la loi de 1846 dit seulement que « les assignations et significations seront remises » sans frais par les soins du commissaire de l'inscription » maritime. » Le § 2 de l'art. 10 du projet de loi complète cette disposition, en désignant les agents de la marine par qui seront faites et remises sans frais, à la diligence du commissaire de l'inscription maritime, ces citations et significations. Il est à remarquer, en passant, que déjà la loi du 15 avril 1829 (art. 50) avait confié pareille mission aux garde-pêches de l'administration forestière, mais, il est vrai, en leur accordant, pour les actes du genre dont il s'agit, une rétribution égale à la taxe pour les actes faits par les huissiers des juges de paix. La position particulière des *marins-pêcheurs* explique et justifie l'exonération dont, à cet égard comme sur d'autres points, ils sont l'objet dans l'art. 10 du projet de loi, par imitation et complément de l'art. 4 de la loi du 23 juin 1846.

Le surplus des dispositions de l'art. 10 du projet, pour la signification des jugements par *simple extrait, etc.*, *etc* , ne fait que reproduire les deux derniers paragraphes de l'art. 4 de la dite loi de 1846, qui elle-même en a fait l'emprunt à la loi sur la pêche fluviale (art. 75).

Art. 11.

La responsabilité civile par rapport aux délits ne s'applique ordinairement qu'aux restitutions, dommages-intérêts ou indemnités et frais.

C'est ce qu'a entendu consacrer, pour la matière spéciale qu'elle concerne, la loi du 15 avril 1829, sur la pêche fluviale, en statuant, par son art. 74, que « les ma-» ris, pères, mères, tuteurs, fermiers et porteurs de li-» cences, ainsi que tous propriétaires maîtres et com-» mettants, seront *civilement responsables des délits* en » matière de pêche commis par leurs femmes, enfants » mineurs, pupilles, bateliers et compagnons, et tous » autres subordonnés, etc., etc. »

La loi du 3 mai 1844, sur la chasse, est encore plus explicite à cet égard, car, après avoir statué, par son

art. 28, que « le père, la mère, le tuteur, les maîtres et
» commettants sont civilement responsables des délits de
» chasse commis par leurs enfants mineurs non mariés,
» pupilles, demeurant avec eux, domestiques ou prépo.
» sés,.... » elle ajoute surérogatoirement que « cette re-
» sponsabilité.... ne s'appliquera *qu'aux dommages-in-*
» *térêts et frais....* »

Les anciens règlements de la marine, notamment sur
le fait de la pêche, ont toujours établi la responsabilité
des pères, mères, chefs de famille, maîtres, propriétaires
ou armateurs, par rapport à l'*amende*. (Voir, entre autres
actes, l'ordonnance de 1681, liv. V, tit. III. art. 10; —
la déclaration du 24 décembre 1726, portant défense de
pêcher ou vendre le frai de poisson, art. 7; — la déclaration du 18 mars 1727, sur les pêches à pied et tentes
à la basse eau, tit. X, art. 18; — le règlement du 23 janvier 1727, sur la navigation au petit cabotage, art. 26;
— la déclaration du 18 décembre 1728, sur la pêche
des moules, tit. IV, art. 5, etc., etc.).

Il a paru utile, pour assurer davantage, par les exhor-
tations et l'influence de ceux qui sont responsables, la
stricte observation des règlements de pêche maritime,
de conserver, en la transportant dans le projet de loi, la
responsabilité relative à l'amende, et cette proposition
semblera sans doute suffisamment justifiée si l'on considère que les condamnés pour délits de pêche maritime
n'auront que des frais insignifiants à payer ; que presque
jamais il ne sera prononcé contre eux, comme cela a fréquemment lieu en matière de pêche fluviale, de restitutions ou d'indemnités au profit de l'état, et que, partant,
les condamnations pécuniaires se borneront, pour ainsi
dire, à l'amende.

On croit utile de faire remarquer encore, pour combattre d'avance toute objection, que la législation de la marine n'est point, comme quelques personnes pourraient le croire, la seule qui ait établi la responsabilité par rapport à l'amende : la législation de la douane encore aujourd'hui en vigueur offre aussi des exemples de cette responsabilité exceptionnnelle. Il suffira de citer les articles ci-après :

Loi du 22 août 1791, tit. II, art. 29.

« Les messagers et conducteurs de voitures publiques
» seront soumis, pour les objets dont leurs voitures se
» trouveront chargées, aux formalités ordonnées par le
» présent titre. En cas de contravention ou de fraude, la
» confiscation des marchandises sera prononcée contre
» eux, ainsi que *l'amende, dont les propriétaires, fer-*
» *miers ou régisseurs desdites voitures seront responsa-*
» *bles.... »*

Même loi, tit. XIII, art. 20.

« Les *propriétaires des marchandises* seront *responsa-*
» *bles* civilement du fait de leurs facteurs, agents, servi-
» teurs et domestiques, en ce qui concerne les droits,
» confiscations, *amendes* et dépens. »

Loi du 4 germinal an II, tit. III, art. 8.

« Les conducteurs des messageries et voitures publi-
» ques seront soumis aux lois des douanes : si des objets
» ne sont pas portés sur la feuille de voyage, ils seront
» personnellement condamnés à une amende de 300 li-
» vres, les marchandises en contravention seront confis-
» quées, de même les chevaux et voitures, et les fer-
» miers ou régisseurs intéressés seront *solidaires* avec le
» conducteur pour *l'amende de trois cents livres ... »*

Du reste, l'art. 11 du projet de loi, en ne parlant que

de la responsabilité relative à l'amende, renvoie implicitement au droit commun pour les autres cas de responsabilité civile (art. 74 du Code pénal).

Enfin, pour la manière de régler la responsabilité à l'égard des diverses personnes qui doivent la supporter, l'art. 11 du projet renvoie expressément, tout comme la loi sur la pêche fluviale (art. 74 précité), et la loi sur la chasse (art. 28 pareillement ci-dessus mentionné), à l'art. 1384 du Code civil.

Art. 12.

L'art. 12, sur la réduction du taux de l'amende à consigner pour le recours en cassation, reproduit littéralement l'art. 15 de la loi du 25 juin 1846, à laquelle la nature du projet de loi indiquait la convenance de faire encore cet emprunt.

Art. 13.

La juridiction des prud'hommes-pêcheurs existe depuis un temps immémorial. Les prud'hommes, dans chaque communauté, sont appelés à connaître, en dernier ressort et souverainement, sans forme de procès ni procédure, et sans le ministère d'aucun avocat, avoué, huissier, et sans frais, de tous les différends qui s'élèvent, relativement à la pêche, entre les patrons-pêcheurs de leurs corps et autres péchant dans le ressort de la prud'hommie, ainsi que de toutes les contraventions à leurs règlements intérieurs de police de pêche. Établie en 1452, par des lettres patentes du roi René, comte de Provence, cette institution, qui a été formellement maintenue, avec tous ses statuts, par la loi, toujours en vigueur, du 12 décembre 1790, et qui a traversé, sans en être ébranlée, les orages de la révolution, au milieu des ruines de tant d'autres anciennes institutions, continue d'être environnée de la confiance et du respect des pêcheurs. Tout invite donc à conserver, en lui donnant la consécration nouvelle de la loi, une aussi précieuse institution, qui a pour base l'élection. D'ailleurs son action n'apporte aucune perturbation dans le système général d'unité sur lequel repose la législation de la France, depuis surtout que la Cour de cassation, par un arrêt rendu en 1836, a solennellement proclamé que les prud'hommes-pêcheurs de la Méditerranée n'étaient compétents, comme juges, que pour prononcer (indépendamment du jugement des contestations relatives à la pêche) sur les infractions aux règlements particuliers faits pour le ressort de leurs communautés respectives ; leur intervention en ce qui touche les contraventions aux règlements généraux devant se borner à les constater comme officiers de police judiciaire, pour en amener la répression par la juridiction compétente, dans les ports de la Méditerranée comme dans ceux de l'Océan et de la Manche, c'est-à-dire par la juridiction correctionnelle, dont ces prud'hommes sont eux-mêmes justiciables pour les infractions qu'ils peuvent commettre comme patrons-pêcheurs.

Art. 14.

La loi du 3 mai 1844, sur la chasse, a pu abroger sur-le-champ, par son article final (31), l'ensemble des actes de la législation antérieure sur cette matière, parce que, indépendamment de la pénalité, elle a réglé ou, pour mieux dire, *réglementé* elle-même les points principaux qui s'y rapportent, les arrêtés préfectoraux auxquels elle renvoie, pour certains points, pouvant être faits sans retard.

La loi du 15 avril 1829, sur la pêche fluviale, par son avant-dernier article (83), a aussi abrogé les actes de la législation précédente sur cette matière; mais, quoiqu'elle ait aussi réglementé quelques points, comme elle renvoyait, pour les autres dispositions de police à arrêter, à des ordonnances royales dont la préparation exigeait quelque délai, elle a statué par une disposition finale et transitoire, qui fait l'objet de l'article 84, que, jusqu'à la publication des ordonnances à intervenir, les prohibitions portées par l'ordonnance sur les eaux et forêts, de 1669, continueraient à être exécutées, et que les contraventions aux articles indiqués de ladite ordonnance ainsi que tous les délits qui y sont prévus, *seraient punis des peines prononcées par ladite loi.*

Ce qui précède motive et justifie la prescription du deuxième paragraphe de l'article 14 et final du projet de loi pour un temps de transition que l'administration cherchera à abréger, sans faire usage de tout le délai qui, en raison de la multiplicité et de la variété des règles à tracer pour la police des pêches maritimes, a dû être stipulé.

Par toutes les observations et explications qui viennent d'être présentées, on croit avoir suffisamment mis en lumière l'esprit dans lequel a été conçu le projet de loi pénale en matière de pêche maritime à soumettre aux délibérations des Chambres; on croit avoir aussi motivé, relativement à tous les points essentiels, les diverses dispositions dont il se compose.

Quand cette importante loi aura été promulguée, viendront se grouper autour d'elle les règlements de police pour l'exercice de la pêche sur le littoral des deux mers, qu'il restera à l'administration à préparer, et dont elle a déjà recueilli et coordonné, en grande partie, les nombreux éléments. De cet ensemble résultera un code complet de la petite pêche maritime ou pêche côtière, qui aura l'influence la plus salutaire sur le bien-être des marins-pêcheurs, en rendant pour eux cette industrie fructueuse par la disparition du désordre, des abus qui, aujourd'hui, en amoindrissent et, sur plusieurs points, en annihilent même les produits. Par une liaison nécessaire, avec le bien-être s'accroîtra le chiffre de la population des gens de mer, et l'on verra ainsi se réaliser une vérité qui n'a pas besoin d'être démontrée pour ceux qui connaissent la marine, et qui prouve toute l'importance du projet à soumettre aux délibérations des Chambres ; à savoir : *Qu'une bonne loi de pêche côtière est certainement une bonne loi d'inscription maritime.*

PROJET DE LOI.

ARTICLE 1er.

Les tribunaux correctionnels continueront à connaître des contraventions aux dispositions des règlements concernant la petite pêche, ou pêche du poisson et du coquillage à la mer le long des côtes, ainsi que dans la partie des fleuves et rivières affluant à la mer où les eaux sont salées.

ART. 2.

Les peines applicables auxdites contraventions sont :

1° L'amende depuis 5 francs jusqu'à 250 francs;

2° L'emprisonnement depuis deux jours jusqu'à trente jours;

3° La confiscation des rets, filets, engins, bateaux, du poisson ou coquillage pêché en délit, et des appâts défendus, lesquels appâts seront détruits, ainsi que ceux desdits rets, filets, engins et bateaux qui auront été saisis comme prohibés;

4° La confiscation et la démolition, aux frais des contrevenants, des parcs en pierre (*écluses*) ou en bois (*bouchots*), des madragues et bordigues, et de tous autres établissements de pêcheries à demeure ou temporaires, construits sans autorisation relativement à ceux de ces établissements pour lesquels une autorisation préalable est nécessaire, ou installés et exploités en contravention aux règlements.

Dans tous les cas de récidive, le délinquant sera condamné au maximum de la peine d'amende ou d'emprisonnement portée par la loi, lequel maximum pourra être élevé jusqu'au double.

Il y a récidive lorsque, dans les douze mois précédents, il a été rendu contre le délinquant un premier jugement pour délit en matière de pêche.

Le produit des amendes et confiscations prononcées en vertu de la présente loi sera versé dans la caisse des invalides de la marine.

Art. 3.

Des ordonnances royales, insérées au Bulletin des lois, détermineront pour chaque arrondissement maritime :

1° Les époques d'ouverture et de clôture des différentes pêches, avec l'indication de celles qui seront libres pendant toute l'année;

Les heures durant lesquelles ces pêches pourront être pratiquées.

2° Les rets, filets, engins, instruments de pêche et bateaux permis;

Ceux qui seront défendus;

Ceux qui, destinés à telle ou telle espèce de pêche, ne devront point être détournés de leur emploi spécial;

3° Les mesures d'ordre et de précaution à observer dans l'exercice des différentes pêches, faites de jour ou de nuit, en flotte ou séparément, notamment en ce qui concerne :

Les noms, lettres, numéros et autres signes de reconnaissance à placer sur les bateaux, voiles, filets, bouées et engins de pêche;

Les guidons à arborer sur les bateaux ;

La distance à observer entre les bateaux ;

Le rang à conserver en flotte ;

Le placement et le mouillage des bateaux ;

Les heures de sortie et de rentrée des bateaux ;

Le jet ou placement, le séjour en mer et le retrait des filets ;

Le dégagement des filets ;

Les bouées et signaux à placer sur les filets ;

Les feux à montrer ;

4° La distance de la côte ainsi que des graus ou embouchures des étangs, rivières et canaux, à laquelle les pêcheurs devront se tenir, et les limites où ils devront se renfermer relativement à l'étendue de côte devant laquelle il leur sera permis de se livrer à certaines pêches ;

5° Les dispositions spéciales propres à prévenir la destruction du frai et à assurer la conservation et la reproduction du poisson et coquillage ; la classification générale du poisson qui sera réputé frai de poisson ;

Les précautions à observer dans l'exploitation de la pêche sur les huîtrières et moulières ;

Les dimensions au-dessous desquelles les poissons et coquillages de certaines espèces ne pourront être pêchés et devront être rejetés à la mer, ou déposés dans tel autre lieu qui sera déterminé pour les coquillages ;

Les prohibitions relatives tant à la pêche qu'à l'exposition en vente, à la vente, à l'achat, au transport et colportage, au salage et à l'emploi soit pour la nourriture des animaux, soit pour l'engrais des terres ou pour tout autre usage que ce soit, du frai de poisson ou poisson du premier âge assimilé au frai, ainsi que les prohibitions relatives tant à la pêche qu'à la mise en vente, à la venle, à l'achat, au transport ou colportage des poissons et coquillages au-dessous des dimensions prescrites;

Les prohibitions relatives tant à la pêche qu'à l'exposition en vente, à la vente, à l'achat, au transport ou colportage des huîtres et moules, quelles qu'en soient les dimensions, durant le temps où la pêche de ces coquillages sera interdite, sauf les exceptions que les règlements détermineront en ce qui touche les huîtres ramassées sur le rivage ou extraites des étalages et parcs destinés au dépôt et à l'élève de ce coquillage, et en ce qui touche aussi les moules provenant des parcs spéciaux où ce dernier coquillage est pareillement déposé pour y être élevé;

6° Les appâts permis;

Les appâts défendus;

7° Les formalités et conditions relatives aux autorisations pour la construction ou la calaison de parcs *à demeure* en pierre, en bois ou clayonnage, en terre et gazon, de madragues et de bordigues, ainsi que de toutes autres pêcheries *à demeure*, et même de pêcheries *temporaires* pour l'établissement desquelles la condition d'une autorisation préalable et spéciale aurait paru devoir être imposée;

La forme, l'étendue, le mode de construction et d'installation, ainsi que le placement et le mode d'exploitation de ces parcs, madragues et bordigues;

La largeur de l'ouverture et le mode de clôture des parcs suivant les saisons;

La dimension des mailles des filets employés pour les parcs et madragues;

La dimension des trous des grilles en bois placées, au lieu de filets, à l'entrée des parcs;

L'intervalle des verges d'osier composant les nasses, paniers et autres engins usités pour le même objet;

L'intervalle des roseaux ou cannes composant les bordigues ;

Les dispositions relatives au curage des fosses et canaux des bordigues, et à l'obligation de tenir lesdites bordigues ouvertes pendant une partie de l'année ;

Le mode de construction, d'installation et d'exploitation des pêcheries *temporaires* dites hauts parcs et bas parcs, parcs de filets couverts et non couverts, ravoirs, guideaux à bas étaliers, benâtres, verveux, havenets et autres pêcheries sous toute dénomination quelconque, soit pêcheries non flottées montées sur piquets ou composées de claies et filets, soit pêcheries avec rets et filets de pied flottés, tentes à la basse eau, pêcheries avec rets attachés à divers instruments mobiles ou sédentaires, pêcheries avec paniers, bouraques, nasses, caziers et autres engins formés d'osier à jour ; en ce qui concerne principalement :

La forme et la dimension desdites pêcheries,

La hauteur des claies et piquets,

La distance entre les piquets,

La distance entre le sable et les filets,

La maille des filets,

La forme, la dimension et l'installation des paniers, nasses et autres engins et instruments placés dans les pêcheries ou employés isolément comme moyens de pêche;

L'éloignement à observer d'un parc ou pêcherie à l'autre ;

La distance à laquelle lesdits parcs et pêcheries doivent être placés du passage ordinaire des navires ;

8° Et généralement toutes les mesures d'ordre et de

précaution propres à assurer la conservation et la police de la pêche.

Art. 4.

Les préfets maritimes pourront, dans les cas urgents, et par des arrêtés qui seront provisoirement exécutoires, suspendre l'exercice de la pêche sur les bancs d'huîtres ou les moulières.

Ces arrêtés seront immédiatement portés à la connaissance du ministre de la marine, pour être, s'il y a lieu de les maintenir, soumis à l'homologation par ordonnance royale.

Art. 5.

Les contraventions aux dispositions réglementaires arrêtées en vertu de l'article 3 seront punies de la manière suivante, savoir :

1° Dans les cas du n° 1er dudit article 3, amende de 5 à 75 francs, ou emprisonnement de 2 à 10 jours, et de plus confiscation du poisson ou coquillage pêché.

2° Dans les cas du n° 2, amende de 25 à 125 francs, ou emprisonnement de 3 à 15 jours, et de plus confiscation des rets, filets, engins, instruments de pêche.

La confiscation des bateaux sera, en outre, prononcée quand ils seront d'une espèce absolument prohibée.

3° Dans les cas des n°s 3 et 4, amende de 15 à 100 francs, ou emprisonnement de 2 à 10 jours.

4° Dans les cas du n° 5, amende de 30 à 150 francs, ou emprisonnement de 5 à 20 jours, et de plus confiscation du frai, des engins et instruments, et, quand il y aura lieu, des voitures, chevaux et harnais, ainsi que des poissons, moules et huîtres au-dessous des dimensions prescrites, avec report, autant que possible, desdites huîtres et moules sur les huîtrières et moulières, aux frais des délinquants.

Les peines d'amende ou d'emprisonnement et de confiscation établies par le paragraphe précédent seront prononcées, tant contre ceux qui auront pêché que contre ceux qui auront mis en vente, vendu, acheté, transporté, colporté, salé, employé soit à la nourriture des animaux, soit à l'engrais des terres ou à quelque autre usage que ce soit, le frai de poisson ou poisson du premier âge assimilé au frai, ainsi que, tant contre ceux qui auront pêché que contre ceux qui auront mis en vente, vendu, acheté, transporté ou colporté des poissons et coquillages au-dessous des dimensions prescrites.

Seront passibles des peines établies par le n° 1er du présent article 5, aussi bien que ceux qui auront pêché en temps prohibé, ceux qui auront mis en vente, vendu, acheté, transporté ou colporté des huîtres et moules, quelles qu'en soient les dimensions, durant le temps où la pêche de ces coquillages est interdite, à moins qu'il ne s'agisse d'huîtres qui aient été ramassées sur le rivage ou extraites des *étalages* et parcs destinés au dépôt et à l'élève de ce coquillage, ou de moules provenant des parcs spéciaux dans lesquels ce dernier coquillage est pareillement déposé pour y être élevé, et pourvu encore que lesdites huîtres et moules aient la dimension déterminée par les règlements.

5° Dans les cas du n° 6, amende de 50 à 250 francs, à laquelle il pourra être joint un emprisonnement de 10 jours à un mois;

Confiscation des appâts et poissons, ainsi que des filets, engins et instruments.

6° Dans les cas du n° 7, amende de 30 à 250 fr., à laquelle il pourra être joint un emprisonnement de 6 jours à un mois;

Confiscation des parcs, madragues, bordigues et pêcheries, et démolition de ces établissements et appareils de pêche aux frais des délinquants.

7° Dans les cas de l'article 4, les contrevenants seront punis de la manière indiquée au n° 1er du présent article.

8° Dans tous les cas de contraventions qui ne se rapporteraient pas expressément aux énonciations des articles 3 et 4, et qui résulteraient de la violation des dispositions arrêtées en conformité du numéro 8 de l'article 3, les juges appliqueront, suivant les circonstances et dans la limite établie par l'article 2, l'amende ou l'emprisonnement avec ou sans la confiscation de tels ou tels objets qu'énonce ledit article 2.

Art. 6.

Tous fabricants et marchands de rets, filets, engins, instruments de pêche, et tous constructeurs de bateaux qui seront reconnus coupables d'avoir fabriqué ou construit, détenu, mis en vente ou vendu des rets, filets, engins, instruments de pêche et bateaux prohibés, seront passibles des peines portées contre l'emploi de ces rets, filets, engins, instruments et bateaux par le numéro 2 de l'article 5.

Les mêmes peines seront prononcées contre tous patrons et marins pêcheurs qui seront trouvés porteurs ou munis, hors de leur domicile, de rets, filets, engins, instruments de pêche et bateaux prohibés.

La recherche des rets, filets, engins, instruments de pêche et bateaux prohibés pourra être faite à domicile chez les marchands, fabricants et constructeurs désignés dans le § 1er du présent article.

Art. 7.

Les contraventions prévues par la présente loi seront prouvées soit par procès-verbaux ou rapports, soit par témoins à défaut de procès-verbaux ou rapports ou à leur appui.

Ces rapports et procès-verbaux seront dressés par les commissaires de l'inscription maritime, les officiers commandant les bâtiments garde-pêches, les inspecteurs des pêches maritimes, les syndics des gens de mer, les prud'hommes-pêcheurs, les gardes-jurés de la marine, les gardes maritimes, les gendarmes maritimes et ordinaires, les officiers et maîtres de port de commerce et les préposés des douanes.

Les procès-verbaux et rapports dressés par les officiers et agents désignés ci-dessus feront foi jusqu'à preuve contraire.

Lesdits officiers et agents ont le droit de requérir directement la force publique pour la répression des délits en matière de pêche maritime, ainsi que pour la saisie des filets, engins, bateaux et appâts prohibés et du poisson ou coquillage pêché en délit.

Art. 8.

Les infractions aux dispositions réglementaires arrêtées en vertu de l'article 3 de la présente loi, seront jugées par le tribunal de police correctionnelle de l'arrondissement où sera situé le port auquel appartiendra le bateau du délinquant ou le lieu d'emplacement de la pêcherie dans laquelle la contravention aura été commise.

Dans tous les autres cas, le tribunal compétent sera celui du lieu où la contravention aura été commise.

Le tribunal de police correctionnelle saisi de la connaissance du délit connaîtra, en même temps, de toute demande en dommages-intérêts à laquelle le délit pourra donner lieu.

Art. 9.

La poursuite ne pourra avoir lieu que sur la plainte du commissaire de l'inscription maritime, sans préjudice du droit appartenant à la partie civile de saisir le tribunal par une citation directe.

Le procureur du roi saisira directement le tribunal de la plainte ou la transmettra au juge d'instruction.

En cas de désistement de la plainte ou de la citation, toute poursuite commencée cessera immédiatement.

Quand la contravention se rapportera aux cas de vente, achat, transport, etc., etc., prévus par les deux derniers paragraphes du n° 5 de l'article 3, la poursuite aura lieu soit sur la plainte du commissaire de l'inscription maritime, soit sur celle de l'autorité civile.

Toute action relative, soit aux délits en matière de pêche, soit aux contestations civiles qui pourront s'élever entre pêcheurs au sujet de la pêche, sera prescrite après le laps de trois mois à compter du jour où le fait aura eu lieu.

Art. 10.

Tous les actes de procédure et les jugements seront rédigés sur papier libre et enregistrés gratis.

Les citations et significations seront faites et remises sans frais par les syndics des gens de mer, les gardes-jurés et gardes maritimes et les gendarmes de la marine, à la diligence et sous la surveillance du commissaire de l'inscription maritime.

La signification des jugements sera faite par simple extrait, qui contiendra le nom des parties, les motifs et le dispositif du jugement.

Cette signification fera courir les délais de l'opposition et de l'appel.

Art. 11.

Sont responsables des amendes prononcées pour contraventions en matière de pêche :

Les propriétaires et armateurs de bateaux de pêche, à l'égard des patrons et équipages de ces bateaux ;

Les propriétaires de parcs, madragues, bordigues et pêcheries, à l'égard de leurs fermiers, agents et employés,

Les pères, mères, maris et maîtres, à l'égard de leurs enfants, femmes et serviteurs.

La responsabilité, dans ces divers cas, sera réglée conformément aux dispositions de l'art. 1384 du Code civil.

Art. 12.

En cas de recours en cassation, l'amende sera réduite à moitié du taux fixé par l'art. 419 du Code d'instruction criminelle.

Art. 13.

Les juridictions de prud'hommes-pêcheurs de la Méditerranée sont maintenues dans leur constitution et avec leurs attributions et formes de procéder actuelles.

Art. 14.

Sont et demeurent abrogés les règlements aujourd'hui existants sur la police de la petite pêche, ou pêche du poisson et du coquillage à la mer le long des côtes, ainsi que dans la partie des fleuves et rivières affluant à la mer où les eaux sont salées.

DISPOSITION TRANSITOIRE.

Toutefois, lesdits règlements continueront provisoirement à être exécutés, mais sous les peines ci-dessus énoncées pour les contraventions aux dispositions qu'ils contiennent, jusqu'à la publication des règlements nouveaux à intervenir en conformité de l'art. 3, laquelle publication devra avoir lieu dans l'année qui suivra la promulgation de la présente loi.

OBSERVATIONS FINALES.

Par tout ce qui précède, on a pu juger combien la matière du projet de loi sur lequel l'Assemblée nationale sera bientôt appelée à délibérer, est digne des méditations des hommes sérieux. Dans la pêche faite en mer, il y a sans doute une question d'industrie, une question de consommation, une question de commerce ; mais avant tout, il y a une question de création, de formation, d'amélioration de marins : en un mot, qui résume tout, il y a, comme je l'ai déjà dit, une question *d'inscription maritime.* C'est là le point essentiel, le point prédominant. Avec les bateaux, avec les filets, pour compléter l'expression de cette pensée, puisée dans les doctrines de Louis XIV, de Colbert et de Valin, les trois hommes de France qui aient jamais le mieux compris l'intérêt maritime, on ne pêche pas seulement des *poissons,* on pêche aussi, on doit s'attacher surtout à pêcher des MATELOTS. Pour cela, il faut rendre la pêche effective, il faut empêcher la substitution des achats à la pratique de la pêche, il faut dégager la pêche des abus qui la vicient dans ses produits et notamment dans le plus important de tous : *la formation des marins.* Il faut, en un mot, une bonne loi pénale, qui, appropriée à la condition des délinquants et à la nature des infractions, imprime le cachet de l'efficacité aux prescriptions des règlements. La pêche est la meilleure école des marins : c'est là qu'ils puisent cette mâle et solide éducation qu'ils ne reçoivent avec fruit, pour eux et pour la flotte, qu'au milieu des fatigues, des privations et des dangers. Aussi, les gens de mer formés à cette rude école sont-ils le plus précieux des joyaux ornant la riche couronne de l'inscription maritime (1).

La loi pénale projetée sera un commencement de satisfaction donné sur un des points les plus importants qui, dans la législation tout comme dans l'administration de la marine, appellent des réformes, qu'il faut enfin espérer de voir sortir de l'enquête qui vient d'être ordonnée par l'Assemblée nationale sur les divers services de ce beau département ministériel. J'applaudis de toutes mes forces à cette mesure, parce qu'il y a, en marine, beaucoup de bien à faire en detruisant beaucoup de mal. Mais pour que l'enquête parlementaire produise les heureux résultats qu'on est en droit d'en attendre, il faut que chacun, dans la mesure de sa capacité, selon ses études et ses lumières, s'empresse d'y concourir. C'est un devoir patriotique, auquel, pour ma part, je ne manquerai point.

MAREC.

Ancien maître des requêtes au Conseil d'état, ex-directeur du personnel et des opérations maritimes au ministère de la marine et membre du Conseil d'amirauté, démissionnaire.

(1) Le chiffre total de l'inscription maritime s'élevait, en juillet dernier, à 140,000 hommes, dont près de 71,000 officiers-mariniers et matelots, sur lesquels plus de 50,000 éminemment propres au service de la flotte.

Voir Mémoire sur l'inscription maritime publié par l'auteur, en avril 1848.

TABLE DES MATIÈRES.

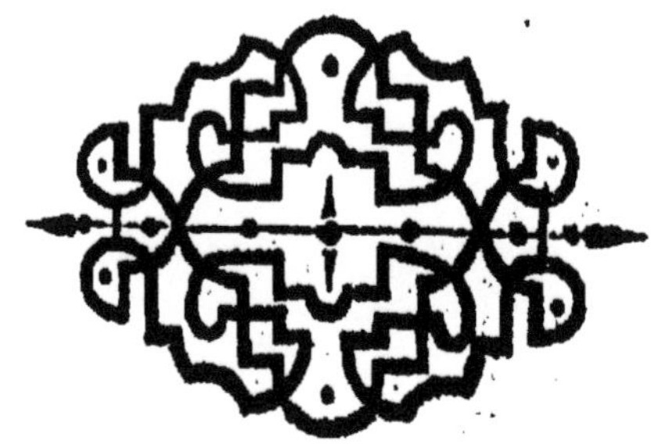

Imprimerie Guiraudet et Jouaust, rue Saint-Honoré, 315.